Alexander Schobert

Frühchristliche Kirchen mit Baptisterium in der Provincia Dalmatia

Alexander Schobert

Frühchristliche Kirchen mit Baptisterium in der Provincia Dalmatia

Eine Studie zu den erhaltenen Baustrukturen und der liturgischen Ausstattung

Reihe Geisteswissenschaften

Impressum / Imprint

Bibliografische Information der Deutschen Nationalbibliothek: Die Deutsche Nationalbibliothek verzeichnet diese Publikation in der Deutschen Nationalbibliografie; detaillierte bibliografische Daten sind im Internet über http://dnb.d-nb.de abrufbar.

Alle in diesem Buch genannten Marken und Produktnamen unterliegen warenzeichen-, marken- oder patentrechtlichem Schutz bzw. sind Warenzeichen oder eingetragene Warenzeichen der jeweiligen Inhaber. Die Wiedergabe von Marken, Produktnamen, Gebrauchsnamen, Handelsnamen, Warenbezeichnungen u.s.w. in diesem Werk berechtigt auch ohne besondere Kennzeichnung nicht zu der Annahme, dass solche Namen im Sinne der Warenzeichen- und Markenschutzgesetzgebung als frei zu betrachten wären und daher von jedermann benutzt werden dürften.

Bibliographic information published by the Deutsche Nationalbibliothek: The Deutsche Nationalbibliothek lists this publication in the Deutsche Nationalbibliografie; detailed bibliographic data are available in the Internet at http://dnb.d-nb.de.

Any brand names and product names mentioned in this book are subject to trademark, brand or patent protection and are trademarks or registered trademarks of their respective holders. The use of brand names, product names, common names, trade names, product descriptions etc. even without a particular marking in this work is in no way to be construed to mean that such names may be regarded as unrestricted in respect of trademark and brand protection legislation and could thus be used by anyone.

Coverbild / Cover image: www.ingimage.com

Verlag / Publisher:
AV Akademikerverlag
ist ein Imprint der / is a trademark of
OmniScriptum GmbH & Co. KG
Bahnhofstraße 28, 66111 Saarbrücken, Deutschland / Germany
Email: info@akademikerverlag.de

Herstellung: siehe letzte Seite /
Printed at: see last page
ISBN: 978-3-639-87638-3

INHALTSVERZEICHNIS

"Wer die Vergangenheit nicht kennt,

kann die Gegenwart nicht verstehen."

(Frei nach GOLO MANN)

1. EINLEITUNG

Die Erforschung archäologischer Hinterlassenschaften der Antike in Dalmatien geht insbesondere auf die Pionierarbeit des kroatischen Universalgelehrten Pater Frane Bulić[1], des dänischen Archäologen Ejnar Dyggve und des österreichischen Althistorikers Rudolf Egger zurück. Darauf aufbauend konnte durch Branka Migotti, Nenad Cambi, Emilio Marin und Pascale Chevalier ein solides Fundament geschaffen werden.

Der erste, der sich eingehend mit dem Gebiet des heutigen Erzbistums Zadar beschäftigt hat, war Pater Carlo Federico Bianchi[2]. Ebenso wie Bianchi nahm auch der deutsche Altertumsforscher William Gerber[3] bereits Anfang des 20. Jhs. an, dass viele romanische Kirchen auf den Fundamenten frühchristlicher Vorgängerbauten entstanden sind und führte erste Erkundungen in der Region durch.

Am kaiserlich-königlichen Hof zu Wien bestand schon sehr früh ein gewisses Interesse am dalmatischen Erbe des Altertums, wie die Visite Kaiser Franz I. 1818 mit anschließender Gründung des Archäologischen Museums in Split und Zadar zeigt.

Anfang des 20. Jhs. fanden erste Grabungen unter der Leitung von Luca Jelić statt (z. B. in Polača/Bičina und Biograd/Glavica), doch erbrachten diese keine heute auswertbaren Resultate.[4] Als Ejnar Dyggve 1929–1932 das Archäologische Museum in Split leitete, führte er in Nin (*Aenona)*

---

[1] Auf Initiative von Frane Bulić fand 1894 in Split und Salona der Erste Internationale Kongress zur frühchristlichen Archäologie statt. Anlässlich des 100. Jahrestages organisierten Nenad Cambi und Emilio Marin den 13. Kongress, der erneut in Split ausgetragen wurde.

[2] C. F. BIANCHI, *Zara cristiana* 1. Zadar 1877 behandelt in seinem Werk die Kirchengeschichte von Zadar.

[3] W. GERBER, *Altchristliche Kultbauten Istriens und Dalmatiens*. Dresden 1912.

[4] Berichte zu den k. u. k. Grabungen sind nicht erhalten. Die Aufzeichnungen beginnen erst ab der Zwischenkriegszeit. Vgl. L. JELIĆ, *VAHD* 45 (1922) 172-179.

Untersuchungen an der Marienkirche durch. Mit Ausnahme einer
Grundrissskizze[5] blieben die Ergebnisse unpubliziert. Spätere Grabungen unter Janko Belošević brachten
Aufschlüsse zur Baustruktur.[6] In Ga-
lovac/Crkvina[7] leitete Belošević die
Nachuntersuchungen der Altgrabung
von 1936. In den 1950er Jahren

Abb. 1: Presbyterium mit halbrunder
Apsis, Johannesbasilika, Muline/Ugljan
(Foto: J. Baraka Perica)

konnte von Mate Suić eines der bedeutensten frühchristlichen Denkmäler
(Abb. 1) am *ager publicus* von Zadar freigelegt werden: der Kirchenkomplex in Muline auf der Insel Ugljan.[8]

Die Monografie über frühchristliche Architektur im Gebiet des heutigen
Erzbistums Zadar[9] von Ante Uglešić gehört neben der Vorlage von Pavuša
Vežić[10] zu den wichtigsten Überblickswerken zum aktuellen Forschungs-
stand (Taf. 1).

Materielle Hinterlassenschaften des frühen Christentums in der Županija
Šibenik-Knin kamen vor mehr als hundert Jahren bei Grabungen zu Tage.
Dabei handelt es sich um Überreste der Bartholomäuskirche in Piramatovci
bei Bribira (1889), der vorromanischen Kirche im Dorf Žažvić/Crkvina

[5] L. KARAMAN, *Iz koijevke hrvatske prošlosti.* Zagreb 1930, Plan II.
[6] J. BELOŠEVIĆ, Nin u srednjem vijeku. In: M. SUIĆ, *Nin. Problemi arheoloških istraživanja.*
Zadar 1968, 53-63.
[7] DERS., Osvrt na konačne ishode istraživanja položaja Crkvine u selu Galovcu kod Zadra.
Diadora 18/19 (1996-1997) 301-350.
[8] M. SUIĆ, Arheološka istraživanja u Mulinama na otok Ugljanu. *LjetJAZU* 64 (1960) 230-249.
[9] A. UGLEŠIĆ, *Ranokršćanska arhitektura na području današnje Zadarske nadbiskupije,* Zadar
2002. Den 56 beschriebenen Fundorten sind Fotos, Rekonstruktionszeichnungen oder Grundrisse mit Maßstab und Nordpfeil beifügt. Ebenso werden im Text Maßangaben gemacht, die in
kroatischen Grabungspublikationen meist fehlen. Der letzte Abschnitt enthält ein vollständiges
Literaturverzeichnis.
[10] P. VEŽIĆ, *Zadar na pragu kršćanskva. Arhitektura ranoga kršćanstva u Zadru i na zadarskome području.* Zadar 2005.

(1896) und das frühchristliche Denkmal bei Biskupija/Katića bajami (1889–1909). Geleitet wurden die Ausgrabungen von Pater Lujo Marun[11], der aber die frühe Entstehungszeit der Bauten nicht erkannte. Erst weitere Untersuchungen durch Stjepan Gunjača[12] zeigten, dass die Kirchen tatsächlich im 5./6. Jh. errichtet wurden. Während der Zwischenkriegszeit beschäftigte sich M. Abramić[13] mit der Freilegung der Peter und Paulkirche in Biočić (*Promona*). In denselben Zeitraum fällt auch die Entdeckung zweier frühchristlicher Baustrukturen in der Nähe von Knin und der Kirche von Sučević. Bei allen Ausgrabungen kam es zu erheblicher Beschädigung der Baustruktur, die nach Begutachtung wieder mit Erde bedeckt wurde.[14]

In den 1960er Jahren wurde die Thermenanlage in Danilo (*Rider*) untersucht. Dabei kamen spätantike Baustrukturen zutage, die als Kirche gedeutet werden (Abb. 2). Die Ausgrabung dauerte von 1969–1972. Weitere Analysen finden bis heute statt.[15] Bei den zuletzt erforschten Anlagen handelt es sich um drei Kirchen mit Baptisterium in Srima/Prižba, Ivinj und Trbounje/Čupići.[16] Eine Übersicht zu den einzelnen Fundstätten in der Region hat die Universität Zadar in Kooperation mit dem Stadtmuseum Drniš herausgegeben (Taf. 2).[17]

---

[11] L. MARUN, Starohrvatska bazilika u selu Žažvić u Bribirskoj županiji. *ShP* 2 (1896) 116-123; DERS., Izještaj upraviteljstva starinarskoga družtva u Kninu o družtvenom radu i napredku kroz zadnji tromjesec. *ShP* 2 (1896) 124f.

[12] S. GUNJAČA, *Novi naučni rezultati u hrvatskoj arheologiji*. Zagreb 1958.

[13] M. ABRAMIĆ, Nuove chiese paleocristiane scoperte nella Dalmazia. In: *Atti del IV. CIAC. Vatikan 16.– 22.10. 1938*. Vatikan 1940, 66f.

[14] Vgl. A. UGLEŠIĆ, *Ranokršćanska arhitektura na području današnje Šibenske biskupije*. Drniš – Zadar 2006, 6.

[15] M. ZANINOVIĆ, Rider između Salone e Scardone. *ARadRaspr* 12 (1996) 307-323.

[16] Siehe dazu im Detail Kapitel 4.2.

[17] UGLEŠIĆ 2006.

Abb. 2: Frühchristliche Kirche, Danilo (Uglešić [2006] 41 Abb. 32)

2. THEMENSTELLUNG

Das Ziel der Studie ist die Erfassung, Beschreibung und überregionale Einordnung aller frühchristlichen Kirchen mit Baptisterium auf dem Territorium der episkopalen Zentren *Iader* und *Scardona*, den Inselarchipel von Olib, Silba, Premuda im Nordwesten bis zu den Koronaten im Südosten ausgenommen.[18] Dabei wird nicht nur auf die Typologie und Funktion der Bauwerke eingegangen, sondern auch das liturgische Taufgeschehen in Korrelation zum Raumkonzept analysiert.

Der chronologische Rahmen umfasst die Zeit vom Beginn des 4. Jhs. bis zum Anfang des 7. Jhs. bzw. jene Epoche, die speziell durch die Etablierung des frühen Christentums als Reichsreligion geprägt war.

Im geografischen Bereich der Studie zeigt sich der archäologische und historische Forschungsstand im Allgemeinen sehr lückenhaft und nur überblicksmäßig publiziert. Von Altgrabungen sind nur wenige Aufzeichnun-

---

[18] Eine aktuelle Studie zu den Kirchenanlagen auf den dalmatischen Inseln liegt bereits vor. Vgl. J. BARAKA PERICA, Chiese battesimali rurali dell'arcipelago dalmata. *RACr* 89 (2013) 119-168.

gen erhalten. Auch über Konservierungsarbeiten und Grabungskampagnen, die nur 20 Jahre zurückliegen, ist nur wenig veröffentlicht worden. Durch eingeschränkten Zugang zu archäologischem Material wird eine eingehende Analyse zusätzlich erschwert.

Nach Studium der verfügbaren Literatur, der vorhandenen Pläne und einer Begehung mit Fotodokumentation vor Ort ist es aber trotzdem möglich einzelne Bauphasen zu rekonstruieren, die in Verbindung mit dem erhaltenen Baudekor und Mobiliar in eine chronologische Abfolge zu bringen sind. Wie anhand der Literaturliste zu erkennen ist, sind die Publikationen zu den einzelnen Bauwerken ausschließlich in Kroatisch verfasst. Durch die Präsentation der derzeitigen Forschungsergebnisse und ihrer Analyse in deutscher Sprache wird ein schneller Informationszugang zum Frühchristentum der Zadar-Sibenik-Region möglich, die bis dato nahezu als *terra incognita* galt. Zusätzlich werden die ausgewerteten Ergebnisse dem kroatischen Fachkollegium durch eine Zusammenfassung (Sažetak) in Kroatisch zugänglich gemacht.

Problematisch stellen sich die bereits erfolgten Erhaltungsarbeiten an den Denkmälern dar, bei der die Fundamente mit Zement eingefasst und Mauerstrukturen sichtbar verändert wurden. Somit ist in einzelnen Fällen die Bausubstanz irreversibel zerstört (Abb. 3) und Nachuntersuchungen nur mehr eingeschränkt möglich.

So dient die Studie einerseits als Bestandsaufnahme aller relevan-

Abb. 3: Piszine, Dreischiffige Basilika, Ivinj (Foto: Verf.)

ten Denkmäler und andererseits können durch eine analytische Betrachtung im globalen Kontext neue Erkenntnisse gewonnen werden, um damit einen weiteren Beitrag zur Erforschung des frühen Christentums in Dalmatien zu leisten.

3. DALMATIEN.
GESCHICHTLICHER ÜBERBLICK

Vor der römischen Okkupation war das Gebiet der Provinz Dalmatia von unabhängigen Stammesverbänden besiedelt. Bereits griechische Kolonisten, die ab dem 7. Jh. v. Chr. auf Inseln wie *Pharos* (Hvar), *Issa* (Vis), *Melaina Korkyra* (Korčula) und an der Adriaküste siedelten, bezeichneten die einheimische Bevölkerung als *Illyri*.[19] Die Volksstämme der nördlichen Küstenregion und des dalmatischen Hinterlandes hatten jedoch keine ethnische Verbindung zu den indogermanischen Illyrern.[20]

Im Zuge der römischen Expansion im Osten rückte das illyrische Königreich, das sich vornehmlich auf der westlichen und nordwestlichen Balkanhalbinsel und im südöstlichen Italien befand, in den Fokus des Senats. Nach zähem Widerstand und kurzfristigen Siegen mussten sich Königin Teuta und ihre Dynastie in zwei Kriegen (229/228 und 219 v. Chr.) der römischen Übermacht geschlagen geben.[21]

Die darauf folgende Urbanisierung durch italische Zuwanderer mit römischem Bürgerrecht erfolgte von der Küste aus. In *Epidaurum, Narona, Sa-*

---

[19] Es zeigt sich, dass bereits Jahrhunderte vor den Römern ein nicht zu unterschätzender griechischer Einfluss in bestimmten Bereichen Dalmatiens fassbar ist. Vgl. A. RENDIĆ-MIOČEVIĆ, Les traditions autochtones dans les représentations culturelles figurées sur le territoire des Dalmates Illyriens. In: P. NOELKE – F. NAUMANN-STECKNER – B. SCHNEIDER (Hg.), *Romanisation und Resistenz: in Plastik, Architektur und Inschriften der Provinzen des Imperium Romanum. Neue Funde und Forschungen (Akten des VII. Internationalen Colloquiums über Probleme des provinzialrömischen Kunstschaffens, Köln 2.–6.5.2001).* Mainz 2003, 407-409; M. ZANINOVIĆ, *The Economy of Roman Dalmatia.* In: H. TEMPORINI – W. HAASE (Hg.), *ANRW* 2. Berlin – New York 1977, 770.
[20] Dazu im Detail: H. PARZINGER, Archäologisches zur Frage der Illyrier. *BerRGK* 72 (1991) 205-261.
[21] W. EDER, *DNP* http://referenceworks.brillonline.com/entries/der-neue-pauly/illyrische-kriege-e12222920 s. v. Illyrische Kriege (zuletzt eingesehen am 31.12.2014).

Ionae und *Iader* wurden über den *oppida* Städte mit rechtwinkligem Straßensystem angelegt, noch während die Feldzüge (158–33 v. Chr.) gegen die Dalmater,[22] Liburner, Japoden,[23] Daesitiaten[24] und Maezäer[25] (Abb. 4) im Landesinneren weitergingen. Nachdem der pannonisch-dalmatische Aufstand (6–9 n. Chr.) unter Tiberius niedergeschlagen wurde, kam es schließlich zur Einrichtung der Provinz Dalmatia,

Abb. 4: Stammesverbände auf dem Gebiet der Provinz Dalmatia (Sanader [2009] 14 Abb. 4)

dem ehemals südöstlichen Teil des

---

[22] Die Dalmaten werden heute nicht mehr als keltisch-illyrischer Volksstamm angesehen, sondern als eine politische Allianz, die im 4./3. Jh. v. Chr. in den Bereichen um Glamoč, Livno, Tomislavgrad (Duvno), Vrlika und Sinj siedelten. Nach dem Untergang des illyrischen Königreichs waren sie die Hauptfeinde Roms an der Adria. Bereits 156-155 v. Chr. gelang es dem römischen Heer unter Porcius Cornelius Scipio Nasica den dalmatischen Hauptort *Delminium* zu zerstören. Die Wallburgen in *Anderitum, Tribulium, Petunium, Nareste, Orneum,* sowie weitere 45 Siedlungen hielten länger Stand. 78/77 v. Chr. fiel ihr Haupthafen *Salonae*. 50 v. Chr. eroberten die Römer die liburnische Stadt *Promona* zurück, und 9 n. Chr. wurden die *Dalmatae* ins Imperium Romanum eingegliedert. Zum Territorium der *Dalmatae* siehe D. DŽINO, *Illyricum in Roman politics 229 BC – AD 68.* Cambridge 2010, 267; RENDIĆ-MIOČEVIĆ 2003, 407f.; Für weitere Informationen zu den Dalmaten siehe DŽINO 2010, 40, 93; M. ZANINOVIĆ, *Ilirsko pleme Delmati.* Šibenik 2007, 97-101; G. ALFÖLDY, Die illyrischen Provinzen Roms. Von der Vielfalt zur Einheit. In: G. URSO (Hg.), *Dall'Adriatico al Danubio. L'Illirico nell'età greca e romana (Atti del convegno internazionale Cividale del Friuli, 25.–27.2003).* Pisa 2004, 207-220; M. ŠAŠEL KOS, *Appian and Illyricum (Situla* 43). Ljubljana 2005, 293; M. ZANINOVIĆ, Livanjsko polje u antici kao primjer delmatske zajednice. In: *Livanjski kraj u povijesti.* Split – Livno 1994, 45-50.

[23] *Tedanius flumen* und *mons Baebius* trennten die *Liburni* von den etwas nördlich siedelnden *Iapodes.* Im 3. Jh. v. Chr. kam es zur Schlacht gegeneinander um die Kvarner Bucht, die die Liburner für sich entscheiden konnten. Als Octavian (35/34 v. Chr.) den japodischen Zentralort *Metulum* (bei Viničica) niederbrennen ließ, mussten sie die endgültige Okkupation ihres Gebietes anerkennen. Vgl. R. DRECHSLER-BIŽIĆ, Japodska grupa. *PJZ* 5 (1987) 391-441.

[24] Bei den *Daesitiates* handelt es sich um eines der bedeutendsten Völker in Zentraldalmatien. Sie waren es auch, die den pannonischen Aufstand gegen Rom (6-9 n. Chr.) angezettelt haben. Vgl. I. BOJANOVSKI, Bosna i Hercegovina u antičko doba. *ANUBiH* 66 (Sarajewo 1998) 144-154.

[25] Die *Maezaei* siedelten nahe der dalmatisch-pannonischen Grenze und wurden 12 v. Chr. von den Römern unterworfen. Siehe dazu G. ALFÖLDY, *Bevölkerung und Gesellschaft der römischen Provinz Dalmatien.* Buda-pest 1965, 76

Illyricum.[26]

Das Territorium (Abb. 5) umfasste den adriatischen Küstenstreifen von der Mündung der *Arsia* (Raša) im Westen bis zum *Lissus* (Leš), den zentralen Bereich Bosniens und der Herzegowina und stieß im Norden an die Ausläufer

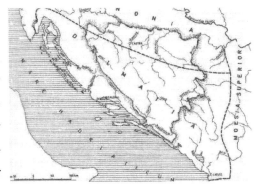

Abb. 5: Die Grenzen der Provinz Dalmatia
(Sanader [2009] 11 Abb. 3)

der pannonischen Tiefebene. Im Osten war das Gebiet durch die Drina gegen Mösien abgegrenzt. Das Gebiet der Bistümer Zadar und Šibenik liegt zwischen den Flüssen *Tedanius* (Zramnja) und *Titius* (Krka), an dessen Mündungen sich die fruchtbare Ebene von Ravni kotari erstreckt.[27]

Aufgrund der unterschiedlichen klimatischen bzw. geografischen Bedingungen kam es zu divergierenden Entwicklungen innerhalb der adriatischen Küstenregion samt Hinterland und dem, durch tiefe Täler und weite Ebenen geprägten Landesinneren. Dies lässt sich sowohl an wirtschaftlichen, soziokulturellen als auch an politischen Faktoren erkennen. So begünstigte die geographische Situation des Hinterlandes zweifellos den Erhalt lokaler Traditionen und Lebensweisen der indigenen Bevölkerung Dalmatiens, während sich im Gegensatz dazu vor allem in der Küstenregion starke mediterrane Einflüsse ausbreiten konnten und ein reger Kulturaus-

---

[26] Für Dalmatien ist eine Reihe heftiger Widerstände gegen die Römer überliefert. Vgl. J. J. WILKES, The Population of Roman Dalmatia. In: H. TEMPORINI – W. HAASE (Hg.), *ANRW* 6. Berlin – New York 1977, 736f.; DERS., *Dalmatia (History of the provinces of the Roman Empire* 2). London 1969, 46-77.

[27] Vgl. M. ŠAŠEL KOS, *DNP* http://referenceworks.brillonline.com/entries/der-neue-pauly/dalmatae-dalmatia-e309850 s. v. Dalmatae, Dalmatia II. C. Geographie (zuletzt eingesehen am 31.12.2014).

tausch stattfand.[28]

Im nördlichen Küstenabschnitt, von der *Arsia* über das Velebitmassiv (*mons Baebius*) bis zum *Titius*, lebten die *Liburni*. Ihre wichtigsten Städte waren *Iader* (Zadar), *Scardona* (Skradin), *Tarsatica* (Rijeka), *Senia* (Senj), *Aenona* (Nin), *Argyruntum* (Starigrad), *Nedinum* (Nadin), *Asseria* (Podgrađe), *Burnum* (Ivoševci) und *Varvaria* (Bribir). Ebenso siedelten sie auf den Inseln *Curictae* (Krk), *Crespa* (Cres), *Arba* (Rab) und *Cissa* (Pag). Die engen Handelsbeziehungen zu den venetisch-etruskischen Völkern trugen zur raschen Akkulturation der römischen Kultur bei. Bereits in der Schlacht von *Actium* (31 v. Chr.) kämpften liburnische Seeleute an der Seite von Octavian, was dem Volksstamm in weiterer Folge einen Sonderstatus innerhalb des Imperiums einbrachte.[29]

Nachdem es über mehrere Generation zu einer gewissen Akzeptanz der römischen Lebensart gekommen war und Aufstände abflauten, wurden die Legionen ab 94 n. Chr. aus der Provinz abgezogen.[30] Noch im 1. Jh. n. Chr. baute man die ehemaligen Siedlungszentren der *civitates* zu *municipia* oder *coloniae* aus. *Salonae* wurde zur Provinzhauptstadt erhoben und mit Diokletian[31] (284-305) sogar ein Kaiser nach Rom entsandt. Nach dem Tod Theodosius I. (395) kam es zur Reichsteilung, was dramatische Folgen hatte. Da die Demarkationslinie in Nord-Süd-Richtung entlang der Drinagrenze verlief, wurde die zum Westreich gehörige Provinz zum umkämpf-

---

[28] Aufgrund der trennenden dinarischen Hochgebirgskette gliederte bereits Strabon (Strab. geogr. 7, 5, 5) Dalmatien in zwei Territorien. Vgl. S. ČAČE, Dalmatica Straboniana. *Diadora* 16/17 (1995) 101-133.

[29] Vgl. Š. BATOVIĆ, Liburnska grupa. *PJZ* 6 (1987) 339-390; J. MEDINI, Provincija Liburnija. *Diadora* 9 (1980) 363-441.

[30] J. J. WILKES, Army and Society in Roman Dalmatia. In: G. ALFÖLDY – B. DOBSON – W. ECK (Hg.), *Kaiser, Heer und Gesellschaft in der römischen Kaiserzeit. Gedenkschrift für Eric Birley* (*HABES* 31). Stuttgart 2000, 327-341.

[31] Vgl. B. BLECKMANN, *DNP* http://referenceworks.brillonline.com/entries/der-neue-pauly/diocletianus-e318200 s. v. Diocletianus (zuletzt eingesehen am 31.12.2014).

ten Gebiet zwischen Ost und West.[32]

476 zerfiel das weströmische Reich und Dalmatien wurde vom germanischen Heerführer Odoaker eingenommen. Danach drängten die Ostgoten ins Land (493) und infiltrierten die vorherrschende Glaubenslehre mit dem Arianismus, der von der orthodoxen Kirche als Häresie abgelehnt wurde. Aufgrund der vorangegangenen kriegerischen Auseinandersetzungen erlebte die Adriaregion unter Theoderichs Herrschaft eine Wirtschaftskrise, was zu einer Stadtflucht führte. Bereits im Ersten byzantinisch-gotischen Krieg (537) gelang es oströmischen Truppen Dalmatien zurückzuerobern. Die Ära Iustinians I. führte zu einem wirtschaftlichen und kulturellen Aufschwung des Landes. In dieser Blütezeit entstand eine Vielzahl frühchristlicher Kirchen, die bis zum Ende des 6. Jhs. weiter ausgebaut wurden. Zu Beginn des 7. Jhs. als slawische Völker auf die Balkanhalbinsel vordrangen, führte dies zum endgültigen Zusammenbruch des Römischen Reiches und leitete das Ende der frühchristlichen Epoche ein.[33]

---

[32] I. WEILER, Zur Frage der Grenzziehung zwischen Ost- und Westteil des Römischen Reiches in der Spätantike. In: R. BRATOŽ, *Westillyricum und Nordostitalien in der spätrömischen Zeit.* Ljubljana 1996, 123-141.
[33] Siehe dazu R. MATIJAŠIĆ, *Povijest Hrvatskih zemalja u kasnoj antici od Dioklecijana do Justinijana* (*Povijest Hravatskih zemalja u antici* 2). Zagreb 2012; A. UGLEŠIĆ, Rimska provincija Dalmacija pod vlašću Istočnih Gota. *RFFZd* 30/17 (1992) 65-77; J. NIEHOFF, *DNP* http://referenceworks.brill-online.com/entries/der-neuepauly/dalmatae-dalmatia-e309850 s. v. Dalmatae, Dalmatia. G. Byzantinische Zeit (zuletzt eingesehen am 30.12. 2014).

4. BESTANDSAUFNAHME DER FRÜHCHRISTLICHEN KIRCHEN MIT BAPTISTERIUM IM UNTERSUCHUNGSGEBIET

4.1. ZUR *ECCLESIA IADERTINA*

Ins Reich der Legende zu verweisen ist, dass die Anfänge des frühen Christentums in diesem Teil des römischen Imperiums bereits auf apostolische Zeiten zurückgehen. Zwar berichtet das Neue Testament, dass Paulus das Evangelium nach Illyrien[34] brachte und sein Mitarbeiter Timotheus nach Dalmatien ging,[35] doch fehlen schriftliche und archäologische Evidenzen für eine frühe christliche Gemeinde.[36] Nach der Konstantinischen Wende etablierten sich solche vornehmlich an den Knotenpunkten und Handelszentren des Imperiums.[37] War das Christentum nach dem Toleranzedikt des Galerius von 311 nur eine *religio licita*, erhebt sie Theodosius I. im Jahr 380 zur Reichsreligion.[38] Seit 534 war jeder römische Bürger verpflichtet sich taufen zu lassen.[39] Es ist jedoch davon auszugehen, dass speziell am Land alte polytheistische Riten in die christliche Kultpraxis eingebettet wurden und sich oft auch Verehrungsstätten nicht änderten.[40]

---

[34] Röm 15,19; Zur Zeit der Apostel umfasste das *Illyricum* den ganzen Nord- und Zentralbalkan. Vgl. M. ŠAŠEL KOS, *DNP* http://referenceworks.brillonline.com/entries/der-neue-pauly/illyricum-e523320 s. v. Illyricum (zuletzt eingesehen am 30.12.2014).

[35] Tim 4,10.

[36] C. F. BIANCHI, *Zara cristiana* 1. Zadar 1877, 2-14 hatte diese These noch vertreten.

[37] Zur Kirchengeschichte siehe R. BRATOŽ, Il primo cristianesimo in Dalmazia. *AA* 66 (2008) 221-262; Für die archäologischen Hinterlassenschaften: N. CAMBI, La cristianizzazione della Dalmazia. Aspetto archeologico. *AA* 66 (2008) 263-299.

[38] J. MATTHEWS, *Western aristocracies and imperial court: A. D. 364-425*. Oxford 1975, 183-222.

[39] Cod. Iust. 1, 11, 10, 1 (P. KRÜGER, *Corpus iuris civilis* 2. Codex Iustinianus. Berlin [13]1963).

[40] R. BRATOŽ, Christianisierung des Nordadria- und Westbalkanraumes im 4. Jh. In: DERS., *Westillyricum und Nordostitalien in der spätrömischen Zeit*. Ljubljana 1996, 358; Zur Christianisierung siehe F. TROMBLEY, *DNP* http://referenceworks.brillonline.com/entries/der-neue-pauly/christentum-e233490 s. v. Christentum. D. Ausbreitung (zuletzt eingesehen am 4.1.2015).

Kirchenhistoriker untersuchen die bis heute ungelöste Frage der ersten Erwähnung eines Bischofs der *Ecclesia Iadertina*.[41] Auszuschließen ist Donatus[42], der in mittelalterlichen Chroniken als Bischof genannt wird und bereits in apostolischen Zeiten gelebt haben soll. *Felix episcopus Diadertinus*,[43] der am Konzil von Aquileia (381) teilgenommen hatte, wurde in der älteren Historiografie als erster Bischof von Zadar postuliert.[44] Mittlerweile steht fest, dass er die Diözese im norditalischen *Comum* vertreten hatte.[45] Jedoch scheint die Zeitstellung richtig zu sein, da in jenen Konzilsakten von einem Bischofssitz in *Iader* die Rede ist. Bereits im Provinzverzeichnis des Konzils von Serdica (343) findet man den Eintrag „Δαλματίας"[46] auf der katholischen Teilnehmerliste. Da der Bischof von Salona Arianer war, kann es sich nur um *Iader* handeln.[47] Ein genauer Zeitpunkt der Konstitution der Diözese kann nicht mehr eruiert werden, ist aber wohl bald nach der Konstantinischen Wende anzusetzen.

---

[41] Dazu im Detail: Z. STRIKA, Kada I gdje se prvi put spominje zadarski biskup? *Rad. Zavoda povij.znan. HAZU Zadru* 46 (2004) 31-64.

[42] BIANCHI 1877, 34 f.; D. FARLATI, *Illyricum sacrum* 5. Venedig 1751, 34-35; Vgl. P. VEŽIĆ, Zadar na pragu kršćanstva. *Diadora* 15 (1993) 34.

[43] Gesta. concil. Aquil. 1, 62 (*CSEL* 82/3, 362).

[44] BIANCHI 1877, 29-32. V. BRUNELLI, Historia Ecclesie Iadrensis auctore Valerio Ponte archidiacono. *RivDal* 4/2 (1908) 191-232; Auch in der neueren Literatur wird fallweise noch diese Auffassung vertreten, wie etwa von M. SUIĆ, dem auch der DNP-Artikel folgt. Vgl. M. ŠAŠEL KOS, *DNP* http://referenceworks.brillonline.com/entries/der-neue-pauly/iader-e520530 s. v. Iader (zuletzt eingesehen am 30.12.2014).

[45] Siehe dazu C. PIÉTRI, *Roma christiana. Recherches sur l'Église de Rome, son organisation, sa politique, son idéologie de Miltiade à Sixte III.* (311-440) 2. Rom 1976, 904 Anm. 1; BRATOŽ 1996, 357 Anm. 248; Erst in den Konzilsakten von Salona (530) scheint ein Bischof namentlich auf, der als Zweiter unter Honorius, dem Erzbischof von Salona, mit Andreas *episcopus Iadertinae ecclesiae* unterzeichnete. Vgl. N. KLAIĆ, *Historia Salonitana maior*. Belgrad 1967, 76-81; Eine Auflistung der wichtigsten Teilnehmer des Konzils findet man bei I. BASIĆ, Ecclesia Scardonitana. Stanje i problemi istraživanja Skradonske ranokršćanske crkve. Stato della ricerca e problemi aperti della chiesa paleocristiana di Scardona, In: B. KUNTIĆ-MAKVIĆ (Hg.) *Studia Varvarina* 1. Skradin 2009, 53.

[46] Athan. hist. Arian. 28 (*PG* 25, 725 A).

[47] Siehe dazu BRATOŽ 1996, 328f.

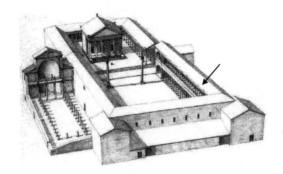

Abb. 6: Forum mit Markt-
basilika (4. Jh.), Zadar, Lage
der Saalkirche mit einem Pfeil
angegeben, Rekonstruktion,
Universität Zadar

Um die Mitte des 4. Jhs. wurde im Tavernenviertel am Forum der Nukleus des episkopalen Zentrums, anfangs eine einfache Saalkirche, gebaut (Abb. 6).[48] Unter Bischof Hesychius (zirka 406–426) wurde Salona orthodoxe Metropole, erhielt den Rang eines Erzbistums für die Provinz Dalmatien, und *Iader* wurde dem Metropoliten unterstellt.[49]

Auch zum Territorium des Vikariats *Iader* gibt es keine genauen Daten. Es lässt sich jedoch rekonstruieren, dass der Verwaltungsbereich im Norden bis zum Velebitgebirge vor *Senia*[50] (Senj) und im Süden bis nach *Scardona*[51] (Skradin) reichte. Die östliche Grenze der Diözese ging etwa bei Vrana[52] in den Norden und umfasste dort den Bereich von *Asseria* (Podgrađe bei Benkovac) und *Corinium* (Karin). Die Nordwestgrenze liegt ungefähr bei *Argyruntum* (Starigrad). Zusätzlich waren auch der Inselarchipel von Olib, Silba, Premuda im Nordwesten bis zu den Koronaten im Südosten Teil des Bistums (Abb. 7).[53]

[48] P. VEŽIĆ, Rezultati istraživanja u prostoru sakristije do katedrale u Zadru. *Diadora* 12 (1990) 301-326.

[49] J. JELIČIĆ-RADONIĆ, Salona at the time of bishop Hesychius. *HAM* 13,1 (2007) 13.

[50] M. GLAVIČIĆ, Prilozi proučavanju poleogeneze i urbanističkog razvoja Senije. *RFFZd* 32/19 (1993) 97f.

[51] B. MIGOTTI, Ranokršćanska biskupija Scardona (Skradin). *PrilInstArheol* 9 (1992) 101f.

[52] N. CAMBI, Područje Šibenske biskupije u ranokršćansko doba. Sedam stoljeća Šibenske biskupije, In: *Zbornik radova sa znanstvenog skupa Šibenska biskupija od 1298 do 1998.* Šibenik 22.–26.9.1998. Šibenik 2001, 11.

[53] UGLEŠIĆ 2002, 7.

Abb. 7: Westlicher Teil der römischen Provinz Dalmatia bis 297 n. Chr.
(Sanader [2009] 144)

Trotz merkbarer Zäsuren herrschte im 5. und 6. Jh. rege Bautätigkeit. Nicht nur der Bischofssitz wurde weiter ausgebaut, in den Städten und ländlichen Gebieten entstand eine Vielfalt unterschiedlichster Sakralarchitektur. Von den Kirchen mit Baptisterium sind derzeit rund acht Anlagen bekannt (Taf. 1).[54]

---

[54] Zum Lageplan: UGLEŠIĆ 2002, 114f.

4.1.1. ZADAR.
KOMPLEXBASILIKA

Abb. 8: Zadar mit der Insel Ugljan im Hintergrund.
Luftbildaufnahme (Foto: Verf.)

Zadar liegt auf einer schmalen Landzunge an der Mittleren Adriaküste
(Abb. 8). Topografisch begünstigt wird die Halbinsel gegen das Meer hin
von einer dreifachen Inselreihe geschützt. Sie blickt auf ein fruchtbares von
einer Bergkette im Landesinneren abgeschottetes Hinterland. Derartig ideale Bedingungen zum Bau einer Befestigung führten spätestens ab der Eisenzeit zur Besiedlung durch die Liburner. Auch unter römischer Herrschaft blieb *Iader* die bedeutendste Niederlassung in der Region.[55] Da sich
die *Iadertini* als Verbündete Caesars im Bürgerkrieg gegen Pompeius be-
währt hatten, wurde ihre Siedlung in den Rang einer *colonia Iulia* erhoben
und weiter ausgebaut.[56] Reste der römischen Flureinteilung in *centuriae*

---

[55] Zu den Untersuchungen der Siedlungskammern siehe J. CHAPMAN – R. SHIEL – Š. BATO-
VIĆ, *The Changing Face of Dalmatia. Archaeological and Ecological Studies in a Mediterranean Landscape* (*Reports of the Research Committee of the Society of Antiquaries of London*
54). London 1996, 73-83.
[56] Vgl. A. STARAC, The countryside in Liburnia. In: D. GAVISON – V. GAFFNEY – E. MA-
RIN (Hg.), *Dalmatia. Research in the Roman Province* 1970-2001. *Papers in honour of J. J.
Wilkes* (*BARIntSer* 1576). Oxford 2006, 107-109; M. ZANINOVIĆ, Liburnia Militaris. *OpuscA*
13 (1988) 43-67.

quadratae, die Struktur und das Straßennetz sind heute noch im Stadtbild zu erkennen.[57]

In augusteische Zeit fällt die Errichtung des Forums mit *capitolium* und *basilica*, das im Norden und Osten von *tabernae* umgeben war. Ebenso wurde die Stadt mit Mauern abgesichert und an neuralgischen Punkten Wehrtürme installiert. Die Monumentalisierung *Iaders* fand ihren Abschluss in severischer Zeit.[58]

Nach der Konstantinischen Wende entstand durch den Umbau dreier Forumstavernen eine 16,2 x 11,2 m große Saalkirche (Abb. 9). Von Norden war sie über eine Parallelstraße des *decumanus maximus* zu betreten.[59] Außer der südlichen Wand hat sich noch die sechs Meter hohe Bausubstanz des 4. Jhs. erhalten. Teile des Dachgesimses mit kleinen Konsolen und Rosetten an der Unterseite befinden sich *in situ*. Im Zuge einer Grabungskampagne Ende der 1980er Jahre[60] unter der Leitung von Pavuša VEŽIĆ konnten auch Reste des ursprünglichen Bodenmosaiks freigelegt werden.[61] Diese befinden sich vor dem Laienraum und an der Südwand im Presbyterium. Die großen, weißen Kalksteintesserae wurden unregelmäßig

---

[57] Wie Spuren der Zenturiationen auf der Insel Ugljan belegen, erstreckte sich der *ager publicus* von Zadar weit über das Umland. Siehe dazu M. ZANINOVIĆ, *The Economy of Roman Dalmatia*. In: H. TEMPORINI – W. HAASE (Hg.), *ANRW* 2. Berlin – New York 1977, 780.

[58] Zur architektonischen Gestaltung der Stadt siehe M. SUIĆ, *Antički grad na istočnom Jadranu.* Zagreb 1976, 143-163; Vgl. M. ŠAŠEL KOS, *DNP* http://referenceworks.brillonline.com/entries/der-neue-pauly/iader-e520530 s. v. Iader (zuletzt eingesehen am 7.1.2014).

[59] P. VEŽIĆ, *Episkopalni kompleks u Zadru.* Zadar 2013, 27f.

[60] DERS., *Rezultati istraživanja u prostoru sakristije do katedrale u Zadru. Diadora* 12 (1990) 301-326.

[61] Die ältesten Publikationen, die sich mit dem frühchristlichen Nukleus in Zadar beschäftigen, stammen aus dem 19. Jh. und reichen bis in die Zwischenkriegszeit. Erst ab den 1970er Jahren kam es zu bis heute andauernden Forschungstätigkeiten. Siehe dazu: I. KUKULJEVIĆ, *Izvjestje o putovanju po Dalmaciji u jesen* 1854. Zagreb 1855; R. EITELBERGER, *Die mittelalterlichen Kunstdenkmäler in Dalmatien.* Wien 1861; T. G. JACKSON, *Dalmatia. The Quarnero and Istria.* Oxford 1887; V. BRUNELLI, *Storia della città di Zara.* Venedig 1913; Ć. M. IVEKOVIĆ, *Gradevinski i umjetnički spomenici Dalmacije. Zadar.* Belgrad 1928; I. PETRICIOLI, I più antichi edifici cristiani a Zadar. *Arh. Vest.* 23 (1972) 332-342; M. SUIĆ, *Zadar u starom vijeku.* Zadar 1981; VEŽIĆ 1993, 29-54; DERS. 2013, 25-34, 93-100.

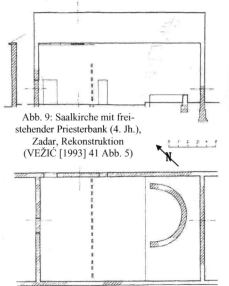

Abb. 9: Saalkirche mit frei-
stehender Priesterbank (4. Jh.),
Zadar, Rekonstruktion
(VEŽIĆ [1993] 41 Abb. 5)

Abb. 10: Apsis (5.
Jh.) mit Resten der
ursprünglichen
Priesterbank,
Saalkirche, Zadar
(VEŽIĆ [2005] 21)

Abb. 11: Schranken-
plattenfragment mit
Gittermuster,
Saalkirche, Zadar
(VEŽIĆ [2005] 23)

verlegt und gehören der ältesten Bausubstanz an. Im hinteren Drittel des Raumes, auf einer leicht erhöhten Plattform, stand eine halbrunde Priester-bank (Abb. 10). Eine zirka ein Meter hohe Abschrankung mit Gittermuster (Abb. 11) trennte das Presbyterium, das einen separaten Zugang hatte, vom Kirchenraum (5,4 x 11,2 m) ab.[62]

Anfang des 5. Jhs. wurden mehrere Tavernen, die direkt am *decumanus* lagen und jene am Forum, zu einem episkopalen Zentrum ausgebaut. Dabei entstand eine zirka 7.000 m² große *insula*, welche, nebst dreischiffiger Ba-silika mit Narthex, Atrium und Baptisterium, ebenso die bischöfliche Re-sidenz umfasste (Abb. 12).[63] Bereits etwas früher nachgewiesen sind ähn-

---

[62] Zur Saalkirche siehe VEŽIĆ 1993, 38-42.
[63] DERS. 1993, 42-48.

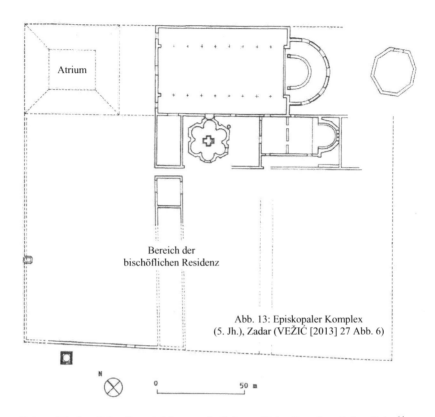

Atrium

Bereich der
bischöflichen Residenz

Abb. 13: Episkopaler Komplex
(5. Jh.), Zadar (VEŽIĆ [2013] 27 Abb. 6)

N

0   50 m

liche städtebauliche Entwicklungen in Salona, Pula, Poreč und Aquileia.[64]

Das von Prokonsul Gregorius der Diözese Zadar gestiftete Ziborium nennt in der Inschrift den Apostel Petrus als Inhaber des Patroziniums.[65] Zu einer Umwidmung kam es erst im Mittelalter. Da der iadertinische Bischof Donatus während des Streits zwischen Byzanz und dem Frankenreich (804-812) Nikephoros I. die Treue hielt, durfte er als Belohnung die Reliquien der Heiligen Anastasia in die Petersbasilika überführen. Fortan trug die Ka-

---

[64] B. GABRIČEVIĆ, *Studije i članci o religijama i kultovima antičkog svijeta*. Split 1987, 259-274; M. PRELOG, *Poreč, grad i spomenici*. Belgrad 1957, 91; DERS., *Eufrazijeva bazilika u Poreču* (*MAC* 4). Zagreb 1986, 7-16, besonders 12; B. MARUŠIĆ, *Das spätantike und byzantinische Pula*. (*Kulturhistorische Denkmäler in Istrien* 6). Pula 1967, 49f.
[65] I. PETRICIOLI, Ranosrednjovjekovni natpisi iz Zadra. *Diadora* 2 (1962) 254f.

thedrale den Namen der Martyrerin von Sirmium.[66]

Die originale Bausubstanz hat sich im südlichen und im hinteren Bereich der Basilika zum Teil erhalten und ermöglicht eine Rekonstruktion der spätantiken Bauphase. An den parallel zur Hauptstraße ausgerichteten Naos (30 x 20 m) setzte man im Osten eine 8 m tiefe, halbrunde Apsis. Der Abstand der Scheitelpunkte beträgt 13 m und ist etwas größer als die Breite des Mittelschiffs.[67] Im Zentrum der Apsis installierte man eine halbrunde Priesterbank an deren vorderen Enden zwei Säulen standen, auf denen der Triumphbogen auflag. Im hinteren Teil befand sich ein *deambulatorium*, das mit einem polychromen Mosaik[68] ausgestattet war (Abb. 13). Zusätzlich zur Obergadenbelichtung wurde das Sanktuarium durch fünf bogenförmige Monoforien (je 1,9 x 2,8 m) in der Apsiswölbung erhellt.[69]

Abb. 13: Polychromes Mosaik des Umgangs der freistehenden Priesterbank, Peterbasilika, Zadar (VEŽIĆ [2005] 23)

---

[66] N. KLAIĆ – I. PETRICIOLI, *Zadar u srednjem vijeku do 1409 (Prošlost Zadra 2)*. Zadar 1976, 68-72; Zur Reliquientranslation der Hl. Anastasia siehe M. VULESICA, Anastasia, Chrysogonus und Donatus in Zadar. In: J. BAHLCKE – S. ROHDEWALD – T. WÜNSCH (Hg.), *Religiöse Erinnerungsorte in Ostmitteleuropa. Konstitution und Konkurrenz im nationen- und epochenübergreifenden Zugriff*. Berlin 2013, 459-462.

[67] Dieses architektonische Charakteristikum findet man im näheren Umkreis öfters, beispielsweise bei der Stephans- und Thomasbasilika in Zadar sowie der Johannesbasilika in Muline auf der Insel Ugljan. Vgl. P. VEŽIĆ, *Starokršćanska arhitektura u Zadru i na zadarskom području. (Godišnjak zaštite spomenika kulture Hrvatska 12)*. Zagreb 1986, 180.

[68] Vergleichbare Bodendekorationen wurden im Mausoleum bei der Johannesbasilika in Muline gelegt. Siehe M. SUIĆ, Arheološka istraživanja u Mulinama na otoku Ugljanu. *LjetJAZU* 64 (1960) 241 Taf. 6; Vgl. zum Überblick die musivische Ausstattung in den bischöflichen Zentren an der Adria R. F. CAMPANATI, *Temi musivi nei pavimenti d'area adriatica (V-VI secolo). La cristianizzazione dell'Adriatico*. Triest 2008, 435-454.

[69] VEŽIĆ 2005, 38-41.

Eine ehemalige Taverne südlich des Hauptportals wird als Priesterraum gedeutet.[70] Ein Zugang war nur durch das rechte Seitenschiff möglich. Bei Untersuchungen an der Johannesbasilika in der Lovrečina Bucht auf der Insel Brač wurde ein Raum festgestellt, der seitlich an den vorderen Teil des Kirchenschiffes angebaut und nur von dort zugänglich war. Die funktionelle Zuweisung als Diakonikon stützt sich jedoch auf keine aussagekräftigen Funde. Die Tatsache, dass ein Diakonikon, in dem wertvolle Utensilien verwahrt wurden, vom Laienraum in Hauptportalnähe zu betreten wäre, spricht gegen eine solche Nutzung. Die zwei im Osten angrenzenden *tabernae* wurden zu einem Baptisterium umgebaut, als die Saalkirche zur weiteren liturgischen Nutzung umgestaltet wurde.[71]

Während der Belagerung Zadars 1202 durch die Venezianer kam es zu schweren Beschädigungen an der Basilika. Der Naos und der vorgelagerte Narthex mit Atrium wurden komplett zerstört. Der anschließende Wiederaufbau zeigt typische Elemente der romanischen Baukunst: Rundbögen, festungsartige Mauern mit kleinen Fenstern sowie Säulen mit blockartigen Kapitellen (Abb. 14).[72]

Abb. 14: Kathedrale der Hl. Anastasia, Außenansicht, Front, Zadar (Foto: Verf.)

[70] A. MIŠKOVIĆ, Prostor i funkcije sakristije u ranokršćanskom razdoblju na primjeru zadarskoga episkopalnog sklopa. *Ars Adriatica* 3 (2013) 7-20; P. VEŽIĆ, Starokršćanski sloj katedrale u Zadru. *Diadora* 10 (1986) 173; Vgl. J. JELIČIĆ, Diakonikon ranokršćanske crkve u Lovrećini na Braču. *PrilpuD* 26 (1986) 36-40.
[71] VEŽIĆ 2013, 29f.
[72] Zu den romanischen Renovierungsarbeiten siehe ebd., 45-53, 105-110.

4.1.1.1. Baptisterium

Nur wenige Meter im Osten hinter der Basilika befinden sich Reste eines Oktogons[73], dessen Grundmauern zum Teil bis zu einem halben Meter aufrecht stehen und teilweise frühmittelalterlich überbaut wurden (Abb. 15). Das Mauerwerk besteht aus grob bearbeitetem Bruchstein, mehrlagig auf einer dicken Mörtelschicht verlegt. Betreten konnte man die Anlage nur von Norden, der dem *decumanus* zugewandten Seite. Das lichte Maß des Gebäudes lässt sich mit zirka 10 m rekonstruieren. Eine eindeutige Definition als Taufanlage scheitert an der fehlenden archäologischen Untersuchung und der damit einhergehenden ungeklärten Datierung des Gebäudes. Die Ausrichtung verhindert eine zweifelsfreie Zuordnung zur Saalkirche oder Basilika.

Abb. 15: Reste eines Oktogons östlich der Petersbasilika, Zadar (Foto: Verf.)

Das Baptisterium, welches als Nischenhexagon[74] (Lichte 10,5 m) wohl in derselben Bauphase wie die Petersbasilika (5. Jh.) errichtet wurde (Abb. 16), war durch einen halbkreisförmigen Vorbau direkt mit dem Naos im Süden verbunden. Die Anlage konnte von außen über einen Zugang im Os-

---

[73] VEŽIĆ 2013, 34, 99.
[74] Zur Definition Nischenhexagon vgl. S. RISTOW, *Frühchristliche Baptisterien (JbAC Erg.-Bd. 27)*. Münster 1998, 18, 58 (ähnliche Taufanlagen).

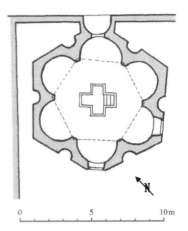

Abb. 16: Baptisterium, Ansicht von
Süden, Petersbasilika, Zadar (UGLEŠIĆ
[2002] 16 Abb. 6)

Abb. 17: Baptisterium (5. Jh.),
Grundriss, Petersbasilika, Zadar
(VEŽIĆ [2005] 41)

ten betreten werden. Das Nischenhexagon mit einer zusätzlich sechs-
eckigen Ummantelung stellt zwar eine Sonderform innerhalb der frühchristlichen Architektur dar, kann aber chronologisch den achteckig ge-
formten Bauten, die dem 5./6. Jh. angehören, zugeordnet werden.[75]

Bei der Petersbasilika wurde auf einer hexagonalen Fundamentierung ein
prismenförmiger, zirka 10 m hoher Baukörper entworfen. Dieser weist im
Inneren sechs raumerweiternde Nischen mit je 1,4 m Eintiefung auf, die
zueinander im Kreis verlaufen (Abb. 17). Die Mauerflanken der Konchen
bilden ein zur hexagonalen Außenmauer um 30 Grad gedrehtes gleich-
seitiges Sechseck im lichten Maß von 6 m.[76] Das Gebäude weist Außen-
nischen auf, die im Zentrum der 5,5 m breiten Seitenflächen eingebaut wurden. Als Decke erhielt der Zentralbau eine Kuppel, die Apsiden wurden
nach oben durch Kalotten abgeschlossen. Sechs am Gewölbeunterbau an-

---

[75] VEŽIĆ 2013, 96.
[76] Ć. M. IVEKOVIĆ, Krstionica kod Stolne crkve Sv. Stošije u Zadru. *RadJAZU* 258 (1937) 3-
5.

gebrachte Stützpfeiler sorgten für den statischen Ausgleich der Dachkonstruktion. Die Lichtzufuhr erfolgte über die Bogenfenster im Tambour.[77] In der Raummitte befand sich eine kreuzförmige *piscina* (2 x 2 m), mit einem dreistufigen Einstieg von Osten. Den Täuflingen stand eine Be-

Abb. 18: Oktogonale Piszine (13. Jh.), Baptisterium, Petersbasilika, Zadar (Foto: Verf.)

ckenbreite von zirka 1 m zur Verfügung um auf eine Tiefe von zirka 1,5 m hinabzusteigen. Über einen nordwestlich gelegenen Kanal erfolgte die Wasserzuleitung. Anfang des 13. Jhs. wurde die kreuzförmige Piszine durch ein oktogonales Becken (Lichte 2 m) auf einem dreistufigen Podest ersetzt (Abb. 18).[78]

4.1.1.2. UMBAU DER SAALKIRCHE

Mit dem Zubau der Basilika im Norden wurde die Saalkirche einer neuen Verwendung zugeführt. Ob es sich bei dem umgewidmeten Raum um ein Katechumeneion oder eine Gedächtniskirche für einen Martyrer handelt, bleibt jedoch ungeklärt.[79]

Fest steht, dass architektonische Veränderungen stattfanden, die besonders den hinteren Teil des Saales betrafen. Den Abschluss des Gebäudes bildet nun eine 4,5 m tiefe halbrunde Apsis an der Innenseite, außen mit polygonalem Grundriss (Abb. 19). Die Priesterbank wurde geringfügig nach hinten in das Halbrund versetzt. Im oberen Bereich der Kalotte wurde ein

---

[77] VEŽIĆ 2013, 30f.
[78] RISTOW 1998, 207 Kat. Nr. 483.
[79] Zweifel an einer Funktionszuweisung als Katechumeneion wurden bisher noch keine geäußert, obwohl keine eindeutige Verbindung zum Baptisterium gegeben ist.

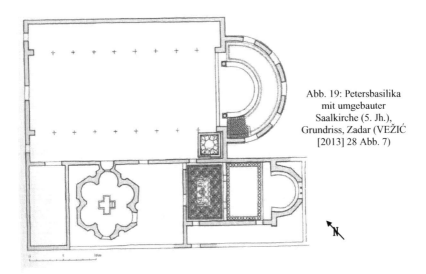

Abb. 19: Petersbasilika
mit umgebauter
Saalkirche (5. Jh.),
Grundriss, Zadar (VEŽIĆ
[2013] 28 Abb. 7)

Triforium eingebaut (Abb. 20). Die mittlere *transenna* mit Säulen und

Kapitellen befindet sich noch *in situ*.
Ebenso hat sich in der Nordwand eine
spätantike Fenstereinfassung erhalten.
Die Abschrankung im vorderen Drittel des
Raumes wurde beibehalten, jedoch an
zwei Stellen durchbrochen. Ein Durchgang sowie weitere Zugänge im Süden
und Westen wurde eingerichtet.[80]
Ein polychromes Fußbodenmosaik (Abb.
21) im vorderen Teil des Raumes zeigt
Einflüsse von Vorbildern in Ravenna und

Abb. 20: Triforium, Apsis,
Saalkirche, Zadar (Foto: Verf.)

Aquileia. Rund um den zentralen Bereich, in dessen Mitte ein Kantharos
mit flankierendem Hirsch und Hindin dargestellt wurde, erkennt man in-

---

[80] VEŽIĆ 2013, 32f.

Abb. 22: Akanthusblätter mit
Flechtbandbordüre,
Polychromes Fußbodenmosaik,
Saalkirche, Zadar (Foto: Verf.)

Abb. 21: Kantharos mit flankierendem Hirsch und
Hindin, Polychromes Fußbodenmosaik, Saalkirche,
Zadar (Foto: Verf.)

einander verschlungene Akanthusblätter mit eingeschriebenen Kelchen, die sich zu einem rautenförmigen Flechtbandteppich ergänzen. Die äußere Bordüre bildet ein geometrisches Flechtbandmosaik, von dem sich auch Teile im mittleren Bereich des Raumes erhalten haben (Abb. 22).[81]

„Wie der Hirsch lechzt nach frischem Wasser, so lechzt meine Seele, Gott, nach dir."[82] Psalm 42,2 wird im Kontext der Taufe häufig bildlich mit Hirschen vor einem Lebensbaum umgesetzt.[83] Der Kirchenvater Ambrosius lehrte seine Täuflinge, dass die Taufe dem Tod ähnlich sei.[84] Ebenso stärkte die Nähe zu Reliquien die Hoffnung auf ein Kommen zu Gott

---

[81] I. PETRICIOLI, Pavimenti musivi paleocristiani della cattedrale di Zara. *AMSI* 91 (1991) 7-16. Aufgrund der mannigfaltigen Vergleichsbeispiele rund ums Mittelmeer kann man die Verlegung des Mosaiks im frühen 5. Jh. als sehr wahrscheinlich annehmen. Vgl. M. GOUGH, *The origins of Christian Art.* London 1973, 69-77.

[82] Ps 42,2 (*Die Bibel. Einheitsübersetzung der Heiligen Schrift.* Stuttgart 2012).

[83] Im Katechumeneion des episkopalen Komplexes in Salona soll sich ein derartiges Mosaik, versehen mit jenem Psalm, befunden haben. Siehe dazu E. VIŠIĆ-LJUBIĆ, *Salona. Colonia Martia Iulia Valeria.* Split 2007, 20; Zu den Interpretationsmöglichkeiten vgl. B. DOMAGALSKI, *Der Hirsch in der spätantiken Literatur und Kunst unter besonderer Berücksichtigung der frühchristlichen Zeugnisse* (*JbAC* Erg.-Bd. 15). Münster 1990, 129-144.

[84] Ambr. sacr. 3, 1, 2 (*CSEL* 73, 39).

und somit hätte der Raum für Gedächtnisfeiern gedient haben können.[85]

4.1.2. NIN.
SAALKIRCHE

Abb. 23: Nin. Luftbildaufnahme nach http://www.nin.hr/de

Bereits in der Eisenzeit kam es am nordwestlichen Ausläufer der Ravni Kotari zur vermehrten Ansiedlung durch die Liburner. Als besonders günstige Lage erwies sich eine kleine Insel (*Aenona*/Nin) am äußersten Ende einer Bucht, 18 km nordwestlich von Zadar (Abb. 23).[86] Die Siedlung prosperierte nicht nur als wichtiges liburnisches Zentrum, spätestens ab 15 v. Chr. erlangte *Aenona* den Status eines *municipium* und wurde dementsprechend ausgebaut.[87] Luftbildaufnahmen bestätigen, dass die römische Stadt in einem orthogonalen Raster organisiert war.[88]

---

[85] Einen funeralen Aspekt hat beispielsweise das Fußbodenmosaik in der dreischiffigen Emporenbasilika in Arapaj. Vgl. R. PILLINGER (Hg.) – H. und S. HIDRI, Die frühchristliche Basilika in Arapaj/Durrës (Albanien). *AF* 20 (2011) 34-41; Ähnlich verweist das Hirsch-am-Wasser-Mosaik im Mausoleum der Galla Placidia auf die erhoffte Auferstehung.
[86] Vgl. M. ŠAŠEL KOS, *DNP* http://referenceworks.brillonline.com/entries/der-neue-pauly/aenona-e105790 s. v. Aenona (zuletzt eingesehen am 10.1.2014).
[87] *CIL* 3, 3158; M. SUIĆ, Antički Nin (Aenona) i njegovi spomenici. Povijest grada Nina. *Rad. Zavoda povij. znan. HAZU* 16 (1969) 75f.
[88] Nin weist mit Stadtmauern, Wehrtürmen, Forum, Tempeln sowie Aquädukt und Brücken typische architektonische Merkmale einer römischen Provinzstadt auf. Siehe dazu Siehe dazu VEŽIĆ 2005, 111.

Bei Renovierungsarbeiten an der Pfarrkirche St. Anselm im südwestlichen Teil der Stadt stieß man bereits Ende des 19. Jhs. auf Mauerzüge, die der Kirchenhistoriker Luka JELIĆ mit einem frühchristlichen Vorgängerbau in Verbindung brachte.[89] Die Erforschung des Denkmals begann in den 1960er Jahren. Mate SUIĆ ließ die Bodenplatten in der Sakristei abnehmen und legte Sondagen rund um die Pfarrkirche an. An der Südflanke von St. Anselm kamen Überreste eines weiteren Gebäudes zutage (Abb. 24).[90] Dabei handelt es sich um eine langrechteckige Struktur (14 x 4 m) mit einer angesetzten Apsis, deren Tiefe 2,2 m beträgt. Im halbrunden

Abb. 24: Gebäude mit halbrunder Apsis bei der Pfarrkirche St. Anselm, Ansicht von Westen, Nin (VEŽIĆ [2005] 114)

Abschluss lag eine monolithische Mensabodenplatte mit einer Ausnehmung für eine blockförmige Stütze.[91] Zirka drei Meter vor der Apsis befindet sich ein achteckiges Becken (Lichte 1,5 m) mit zwei Einstiegen.[92]

---

[89] L. JELIĆ, Spomenici grada Nina. *VHAD* 6 (1902) 103-116.
[90] M. SUIĆ – M. PERINIĆ, Revizija iskapanja ninskog baptisterija. *Diadora* 2 (1962) 317-320; J. BELOŠEVIĆ, Nin u srednjem vijeku. In: M. SUIĆ, *Nin. Problemi arheoloških istraživanja*. Zadar 1968, 53-63.
[91] P. VEŽIĆ, Sklop župne crkve sv. Asela, bivše katedrale u Ninu. *ShP* 15 (1986) 206; M. KOLEGA, Nin – zaštitna istraživanja u sklopu župne crkve sv. Asela. *ObavijestiHAD* 28,3 (1996) 43-48.
[92] Die Backsteinmauer war mit wasserdichtem Mörtel abgedichtet. Spätere Funde im Inneren weisen eine bereits spätantike Abdeckung nach. In der Verfüllung fand die Kuratorin des Museums Nin jedoch keine relevanten Artefakte. Siehe dazu M. KOLEGA, Nin – nadžupni kompleks Sv. Anselma (Asela), istraživanja godine 2001. *ObavijestiHAD* 34,2 (2002) 73-78.

Eine Marmorplatte mit Stifterinschrift[93] aus demselben Stratum lässt erkennen, dass die Piszine ursprünglich in einem privaten Gebäude installiert wurde. Die südliche Außenmauer des langrechteckigen Baus war Teil des frühkaiserzeitlichen Gebäudes.[94]

Im Umkreis wurden mehrere Fragmente reliefverzierter African Red Slip ware mit christlichen Symbolen gefunden, darunter ein Teller mit A-Ω-Verzierung aus der Mitte des 5. Jhs. (Abb. 25).[95] Da die Mauerreste unter St. Anselm erst aus dem 6. Jh. stammen und ältere christliche Denkmäler in *Aenona* fehlen, könnte die

Abb. 25: Tellerfragment mit A-Ω-Verzierung, Antikenmuseum Nin (Foto: Verf.)

ehemalige *piscina* als Reliquiengrab gedient haben (Abb. 26). Die Mensabodenplatte trägt zur Klärung nicht bei, da ein Einsäulentisch nicht zwingend als Altar zu deuten sein muss und auch in Baptisterien zu finden ist. Die vielen

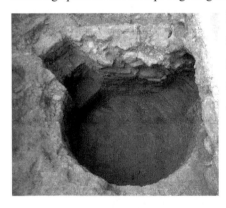

Abb. 26: Piszine, Gebäude mit halbrunder Apsis bei der Pfarrkirche St. Anselm, Nin (VEŽIĆ [2005] 154)

---

[93] Die Marmorplatte befindet sich im Lapidarium der Archäologischen Sammlung Nin und trägt die Inschrift: *L(ucius) Barbius Cris/pus et Q(uintus) Barbius / Rufus, sibi et suis / v(ivi) f(ecerunt) in fr(onte) p(edes) XXXV in ag(ro) p(edes) XX.* Vgl. M. KOLEGA, *Guide. Archaeological Museum in Zadar. Museum of Nin Antiquities.* Zadar 2010, 56.
[94] Steingerechter Plan mit Verzeichnung der Fundstücke: VEŽIĆ 2005, 115; Zur Schichtenabfolge siehe M. KOLEGA, Nin – arheološka istraživanja u sklopu župne crkve sv. Asela (Anselma). *ObavijestiHAD* 33,2 (2001) 83-90.
[95] VEŽIĆ 2005, 112; Zu den Symbolen auf den Fundstücken siehe S. GLUŠČEVIĆ, Ranokršćanski simboli na keramičkim i staklenim predmetima u Liburniji. *Diadora* 18/19 (1996) 243-274.

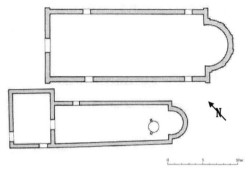

Abb. 27: Saalkirche (5./6. Jh.) mit Nebengebäude,
Grundriss, Nin (VEŽIĆ [2005] 113)

Abb. 28: Cancellifragmente
(9. Jh.), Antikenmuseum Nin
(Foto: Verf.)

Gräber aus frühchristlicher Zeit rund um das Areal legen *ad sanctos* Bestattungen nahe.

Außer Zweifel steht, dass die Fundamente der Pfarrkirche St. Anselm aus dem 6. Jh. stammen. Zur ursprünglichen Weihung der Basilika ist nichts überliefert. Im Frühmittelalter erfolgte die Konsekration an den Heiligen Anselmus, der der Legende nach einer der siebzig Jünger Jesu gewesen war. Anfangs soll er in Gallien missioniert haben, bevor er zum ersten Bischof von *Aenona* geweiht wurde.[96]

Die Saalkirche (22,5 x 10 m) hatte eine leicht eingezogene Apsis mit 5,2 m Tiefe (Abb. 27). An ihrer Außenseite waren Lisenen angebracht.[97] An der Nordseite wurde ein Durchbruch in ein spätantikes Gebäude geschaffen. Der 5,1 x 3,4 m große Raum hatte bereits im hinteren Teil ein mit wasserdichtem Mörtel verputztes Becken (1,75 x 1 m), das bis in karolingische Zeit zur Taufe verwendet wurde. Im 9. Jh. wurde die Taufpiszine des Prinzen Branimier darüber gesetzt.[98] Die Stratigrafie des gegenüberlie-

---

[96] Vgl. A. BADURINA, *Leksikon ikonografije, liturgike i simbolike zapadnog kršćanstva* (2006) Sp. 120 s. v. Asel (Anselmo).
[97] VEŽIĆ 1986, 201-215.
[98] KOLEGA 2010, 38.

genden Annexes (Diakonikon?) ist teilweise durch die Verbauung einer rezenten Kapelle gestört. Im Osten wurde eine spätantike sieben Meter lange Wand in den Bau integriert. Die Verlängerung der kaiserzeitlichen Mauer um 3,3 m, die an das ältere frühchristliche Denkmal anschloss, bildete den südlichen Abschluss. Zu betreten war die Saalkirche von Westen durch das Hauptportal und zwei weitere Türen in den Seitenwänden des Laienraumes.[99] Bei den Grabungen der letzten Jahrzehnte traten acht Schrankenplattenfrag-

Abb. 29: Kalksteinpilaster mit Weinrankenverzierung, Antikenmuseum Nin

mente aus karolingischer Zeit (Abb. 28) sowie ein Pilaster mit Weinrankenverzierung aus dem 6. Jh. zutage (Abb. 29).[100]

4.1.3. PODVRŠJE/GLAVČINE. SOG. DOPPELKIRCHE

Südöstlich von Podvršje (Abb. 30) im Ortsteil Ražanac siedelten bereits in der Eisenzeit die Liburner,[101] welche die Angehörigen der Oberschicht in

---

[99] UGLEŠIĆ 2002, 38-40
[100] KOLEGA 2010, 38.
[101] Aufgrund des milden Klimas, einer Vielzahl an Quellen und der Nähe zur Ljubac-Bucht bot dieses Territorium in der nordwestlichen Ravni Kotari ideale Bedingungen für Landwirtschaft und Handel. Sandbänke und die starke Entwässerung, begünstigt durch Nordwinde, waren von Vorteil für die Salzgewinnung, die der Bevölkerung zu Wohlstand verhalf und im Zuge der römischen Kolonisierung zur Gründung kleiner *vici* führte. Zu den klimatischen Bedingungen im Umland von Zadar siehe J. CHAPMAN – R. SHIEL – Š. BATOVIĆ, *The Changing Face of Dalmatia. Archaeological and Ecological Studies in a Mediterranean Landscape* (*Reports of the Research Committee of the Society of Antiquaries of London* 54). London 1996, 19-31, 78-81.

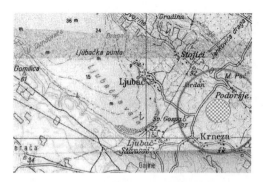

Abb. 30: Lageplan der
eisenzeitlichen Ansiedlung
bei Podvršje/Glavčine
(UGLEŠIĆ – BARAKA
[2013] 1213 Abb. 1)

tumuli bestatteten.[102] So war das Toponym Glavčine, „große Köpfe", ein Hinweis darauf, dass man in den zirka einen Meter hohen, frei in der Ebene stehenden Hügeln auf archäologische Denkmäler stoßen könnte.

Bei Aushubarbeiten zur Vergrößerung von Ackerflächen kamen 1997 Säulenschäfte, Kapitelle, Schrankenplattenfragmente und bauliche Strukturen zum Vorschein, was zum sofortigen Abbruch der Kultivierungsmaßnahmen führte. Angesichts der Fülle an Artefakten wurde in Kooperation des Archäologischen Museums Zadar und der Universität ein Grabungsteam zusammengestellt. In sieben Kampagnen von 2002–2007 gelang es Ante UGLEŠIĆ[103] und seinem Team eine sog. frühchristliche Doppelkirche (450 m²) freizulegen, die zu den besterhaltenen Denkmälern spätantiker Baukunst Dalmatiens gehört (Abb. 31). Ein wesentliches Ergebnis der archäologischen Untersuchungen ermöglichte die Erforschung von Struktur, Aufbau und Nutzung des Denkmals und die Rekonstruktion seiner Bauphasen.[104]

---

[102] Siehe dazu Z. BRUSIĆ, Nekropole liburnskih naselja Nina i Kose kod Ljubača. *HistriaAnt* 8 (2002) 213-242.
[103] A. UGLEŠIĆ, *Dvojne ranokršćanske crkve u Podvršju.* Šibenik 2002.
[104] DERS. – J. BARAKA, Podvršje – Glavčine, Un nuovo caso di chiese doppie in Dalmatia, In: O. BRANDT u. a., *Acta XV. CIAC Toleti,* 8.–12.9.2008 (*SAC* 65). Vatikan 2013, 1207-1215.

Abb. 31: Sog. Frühchristliche
Doppelkirche (6. Jh.),
Podvršje/Glavčine (UGLEŠIĆ
– BARAKA [2013] 1213
Abb. 2)

Der Komplex besteht aus zwei aneinandergefügten nahezu identischen Kirchenbauten mit Ost-West-Ausrichtung, zwei angeschlossenen Nebengebäuden und einer Platzanlage im Süden. Dass die Anlage nur über einen relativ kurzen Zeitraum von 200 Jahren genutzt wurde, zeigt der Schichtenbefund mit einem Brandhorizont um 660. Die Datierung stützt sich auf bautechnische Untersuchungen und die Auswertung ikonografischer und stilistischer Merkmale der Bauplastik. In der ersten Hälfte des 7. Jhs. weitete sich der sog. Slawensturm auch auf Norddalmatien aus mit dem die 15-20 cm dicke Brandschicht (Abb. 32) in Verbindung gebracht wird. Nach derzeitigem Informationsstand wurde die Kirche nach der Zerstörung nicht wieder aufgebaut.[105]

Abb. 32: Brandschicht
innerhalb der sog. Doppelkirche, Podvršje/Glavčine
(Foto: J. BARAKA
PERICA)

---

[105] Vgl. A. UGLEŠIĆ, Rimska provincija Dalmacija pod vlašću Istočnih Gota. *RadFfZadar. Razdio povijesnih znanosti* 30/17 (1992) 65-77.

In der zweiten Hälfte des 5. Jhs. wurde die südliche Saalkirche in den Ausmaßen 13,3 x 6,7 m mit einer halbkreisförmigen Apsis erbaut. Die Apsis weist 4,3 m Innenbreite und 3,3 m Tiefe auf und hatte ein Synthronon mit Kathedra (Abb. 33). Das Presbyterium war mit einer l-förmigen Abschrankung vom Lai-

Abb. 33: Synthronon und Kathedra mit *suppedaneum*, Südliche Saalkirche, Podvršje/Glavčine (Foto: J. BARAKA PERICA)

enraum abgetrennt. Beim Bau der Schrankenbasis wurden Spolien verwendet, darunter auch eine kaiserzeitliche Grabstele. Auf acht Pfeilern lag die Trabs auf. Die Zwischenräume waren mit anikonisch gestalteten *cancelli* verkleidet.[106] Erhalten haben sich Fragmente mit verflochtenen konzentrischen Kreisen, die mit griechischen Kreuzen verziert waren und andere mit Christusmonogrammen (Abb. 34). Vom Ziborium, in dessen Mitte sich der Altar befand, sind nur mehr die Pfostenlöcher zu erkennen.[107]

Zwei Aussparungen mit je 0,95 m Breite in der Südwand ermöglichten den Zugang zu den Nebenräumen. In den östlichen Annex (3,5 x 4 m), der wohl als Priesterraum in Verwendung war, gelangte man über eine Seitentür im

---

[105] Vgl. A. UGLEŠIĆ, Rimska provincija Dalmacija pod vlašću Istočnih Gota. *RadFfZadar. Razdio povijesnih znanosti* 30/17 (1992) 65-77.
[106] Die Schrankenplattendekorationen gehen konform mit der iadertinisch-salonitanischen Tradition, die sich auf Ornamente unter Beifügung christlicher Symbole beschränkt hatte. Vgl. B. MIGOTTI, Dekorativna ranokršćanska plastika jaderskog i salonitanskog područja – temeljne osobine i međusobne razlike. *Diadora* 13 (1991) 291-312; P. VEŽIĆ, Ranokršćanski reliefi i arhitektonska plastika u Zadru i na zadarkom području – prilog poznavanju ranokršćanske skulpture u Dalmaciji. *Diadora* 22 (2007) 119-156.
[107] UGLEŠIĆ – BARAKA 2013, 1209f.

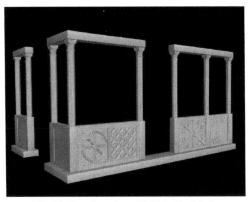

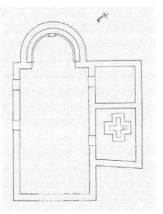

Abb. 34: Templonanlage, Südliche Saalkirche, Rekonstruktion, Podvršje/Glavčine, Universität Zadar

Abb. 35: Südliche Saalkirche mit Nebenräumen (5. Jh.), Podvršje/ Glavčine (UGLEŠIĆ – BARAKA [2013] 1214 Abb. 3)

Presbyterium. Das angrenzende Baptisterium (5 x 4 m) konnte über den Kirchenraum oder durch eine Tür an der westlichen Außenmauer betreten werden. Die Piszine war leicht aus der Raummitte nach Osten verschoben und hatte die Form eines griechischen Kreuzes (2,7 x 2,7 m). Zwei Stufen an der südlich gelegenen Haste erleichterten den Einstieg ins Taufbecken (Abb. 35). Mitte des 6. Jhs. wurden im Zuge des Umbaus zur sog. Doppelkirche die Seitenwände

Abb. 36: Kreuzförmiges Taufbecken und Reste der oktogonalen Piszine, Podvršje/ Glavčine (VEŽIĆ [2005] 154)

um 2 m verlängert und die kreuzförmige Piszine durch ein oktogonales Becken (Lichte 1,5 m) ersetzt (Abb. 36).[108]

An die Nordwand wurde parallel zur bestehenden Kirche ein weiteres Kir-

---

[108] UGLEŠIĆ – BARAKA 2013, 1210.

Abb. 37: Presbyterium, Nördliche Saalkirche, Podvršje/Glavčine (Foto: J. BARAKA PERICA)

Abb. 38: Kalksteinplatte mit lateinischem Kreuz und flankierenden Lilien aus der nördlichen Saalkirche, Podvršje/Glavčine, AMZd (Foto: Verf.)

chenschiff (13,8 x 7,8 m) mit einer halbrunden Apsis (4,4 m Breite / 3,5 m Tiefe) angesetzt (Abb. 37). Der Drucklastausgleich der Apsiskalotte erfolgte über Strebepfeiler. Die Innenausstattung mit Synthronon, Kathedra, Ziborium und l-förmiger Abschrankung des Priesterraumes ähnelt jener der älteren Südkirche. Die Außenmauern stehen bis auf einen halben Meter aufrecht und im Sanktuarium sind Reste der Mensabodenplatte sowie die unteren Säulenschäfte des Altarüberbaus noch *in situ* erhalten. Elf Pfeiler stützten das Triumphkreuz der Brüstung. Die Dekoration der *cancelli* blieb anikonisch. Eine Schrankenplatte hat sich erhalten bei der ein lateinisches Kreuz im Zentrum steht, das von zwei Lilien flankiert wird.[109] In die Freiräume zwischen den *hastae* setzte man *tondi* mit Christusmonogrammen, einem sechsblättrigen Ornament und einem Malteserkreuz (Abb. 38).[110] Die beiden Kirchenschiffe waren durch Hauptportale im Westen zu betreten (Abb. 39). Zwei Durchgänge in der mittleren Seitenwand ermöglich-

---

[109] M. PFISTER-BURKHALTER, *LCI* 3 (1971) Sp. 100-102 s. v. Lilie; Zur Deutung des Hauptmotivs als Parusie siehe J. POESCHKE, *LCI* 3 (1971) Sp. 384-386 s. v. Parusie; A. MIŠKOVIĆ, Motiv krizmona i Kalvarije na rano-kršćanskim plutejima sa zadarskog područja. *Bogoslovska smotra* 83,4 (2013) 859-876.
[110] UGLEŠIĆ – BARAKA 2013, 1210f.

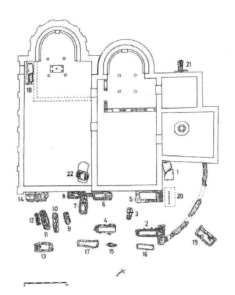

Abb. 39: Sog. Doppelkirche
(6. Jh.), Grundriss, Podvršje/
Glavčine (UGLEŠIĆ – BARAKA
[2013] 1214 Abb. 4)

ten ein schnelles Zirkulieren zwischen den Bereichen. In iustinianischer
Zeit fanden die ersten Grablegungen auf dem Kirchenareal statt, die sich
vorerst auf den Bereich rund um das Baptisterium beschränkten.[111] Ab dem
7. Jh. wurde der Friedhof im Westen ausgeweitet.

4.1.4. GALOVAC/CRKVINA. SAALKIRCHENKOMPLEX MIT APSIS

Der Ort Galovac liegt zirka 10 Kilometer südöstlich von Zadar im Landesinneren. Bereits 1936 hatte Pater Kažimir PERKOVIĆ beim rezenten Friedhof im nordöstlichen Gemeindegebiet, dem Weiler Crkvina, Begehungen
durchgeführt. Der Fund mehrerer Marmorfragmente veranlasste den Bio-

---

[111] Direkt vor dem westlichen Zugang zum Baptisterium wurde ein Steinkistengrab entdeckt
(Objekt 1), dessen Front aus der oberen Hälfte einer frühkaiserzeitlichen Grabstele bestand. Die
südliche Seitenplatte wurde ebenfalls sekundär verwendet und stammt, wie die Inschrift
*[C(aius) Albucius l(ibertus) Restitutus / IIIIII vir et flavialis / Dis Syris templum / ampliavit / a
solo sua inpensa f(ecit)]* belegt, von einem römischen Tempel, der den syrischen Göttern
geweiht war. Vgl. UGLEŠIĆ – BARAKA 2013, 1211.

Abb. 40: Saalkirchenkomplex mit Mausoleum, Luftbildaufnahme, Galovac/Crkvina (VEŽIĆ [2005] 98)

grader Pfarrer zur Anlegung von Sondagen, bei denen Teile der Kirchenmauer angeschnitten wurden. Erst 1979 und 1988–1991 fanden systematische Grabungen statt. Auf dem 650 m² großen Areal entdeckten Janko BELOŠEVIĆ und sein Team über 600 Steinfragmente, 521 Gräber vom 6. bis ins 16. Jh. und zwei Bauwerke: ein Mausoleum[112] und eine frühchristliche Basilika mit Nebengebäuden (Abb. 40).[113]

Wie sich anhand der Bauplastik und der polygonalen Apsisform erkennen

---

[112] Nur wenige Meter nordwestlich der frühchristlichen Basilika befindet sich ein rechteckiger Bau (11 x 10 m) mit einer halbrunden, zwei Meter tiefen Apsis. Gegliedert war das Objekt in einen zentralen Raum und zwei seitlich angrenzende Bereiche. In der südlichen Kammer fand man Reste eines Gewölbegrabes. Die Interpretation als pagane Kultstätte für Iupiter, Liber pater, Iuno und Silvanus stützt sich auf den Fund zweier *Arae*-Fragmente, die dies in der Inschrift angeben. Ebenso kamen Urnen- und Grabstelenreste zum Vorschein, sowie ein Meilenstein. Problematisch ist auch eine weitere These des Ausgräbers. In frühchristlicher Zeit soll das Gebäude zu einem Oratorium/Memoria umgewidmet worden sein, wofür es keinerlei Belege gibt. Siehe dazu J. BELOŠEVIĆ, Osvrt na rezultate istraživanja lokaliteta Crkvine u selu Galovcu kod Zadra u 1989. godini. *RFFZd* 29/16 (1990) 234; J. MEDINI, Zavjetni žrtvenik iz Galovca. *RFFZd* 26/13 (1987) 125f.

[113] Zu den fünf Grabungskampagnen im Detail siehe J. BELOŠEVIĆ, Prethodni izvještaj o rezultatima istraživanja lokaliteta Crkvine u selu Galovcu kod Zadra. *RFFZd* 28/15 (1989) 71-81, DERS. 1990, 231-239; DERS., O rezultatima istraživanja lokaliteta Crkvine u selu Galovcu kod Zadra u 1990. godini. *RFFZd* 30/17 (1992) 79-91; DERS., Ograda svetišta ranokršćanske crkve Sv. Bartolomeja sa Crkvine u Galovcu kod Zadra. *RFFZd* 33/20 (1994) 121-143; Zusammenfassung der Ergebnisse: DERS., Osvrt na konačne ishode istraživanja položaja Crkvina di Galovacu kod Zadra. *Diadora* 18/19 (1996-1997) 301-350; DERS., Il complesso dell'architectura paleocristiana a Crkvina di Galovac nei pressi di Zadar. In: N. CAMBI – E. MARIN (Hg.), *Acta XIII. CIAC Split – Poreč*, 25.9.–1.10.1994 (*SAC* 54). Split 1998, 69-104.

lässt, wurde die Kirche Anfang des 6. Jhs. gebaut,[114] laufend verändert und bis ins Frühmittelalter liturgisch genutzt. Die behauptete Weihung an den Heiligen Bartholomäus[115] könnte frühestens ins Mittelalter datiert werden. Beim ursprünglichen Bau handelt es

Abb. 41: Apsis mit Synthronon, Saalkirche, Galovac/Crkvina (Foto: Verf.)

sich um eine Saalkirche (22,5 x 8 m) mit einer inneren 4 m breiten, halbrunden Apsis (Tiefe 3 m). Durch Lisenen wurde die pentagonale Apsisumantelung gefestigt. Das Synthronon ist noch *in situ* erhalten (Abb. 41). In der Wölbung befanden sich drei bogenförmige Öffnungen, in denen *transennae* verankert waren, die in der oberen Hälfte kreuzförmige Schlitze hatten.[116]

Der genaue Standort des Altares kann nicht mehr eruiert werden. Säulenfragmente des Stipes lagen weitverstreut im Presbyterium. Abgetrennt wurde der Laienraum durch ein zirka 25 cm erhöhtes Bema (5,5 x 2,5 m), dessen u-förmige Umschrankung aufgrund einer Vielzahl geborgener Bruchstücke rekonstruiert werden kann. Die *cancelli* waren mit flächigen, zentral positionierten Christusmonogramm- oder Kreuzreliefs gestaltet. Hinzu kommen mit Rauten- bzw. Schuppenmuster geschmückte Platten. In der Mitte befand sich eine von je zwei monolithischen Pfeilern mit Säulen-

---

[114] Vgl. B. MIGOTTI, Zusatz zur Datierung der außerstädtischen frühchristlichen Architektur des breiteren salonitanischen Bereiches. *Arh. Vest.* 43 (1992) 111-133, besonders 118f.

[115] Die Verehrung des Apostels Bartholomäus (Mk 3,14-19) kam erst im 10. Jh. auf und wurde vor allem in Ostdeutschland, Böhmen und Mähren praktiziert. Vgl. P. CHEVALIER, *Salona. L'architecture paléochrétienne de la province romaine de Dalmatie (IVe-VIIe s.). En dehors de la capitale. Salona* 2,1 (*CEFR* 194/2). Rom – Split 1995, 118.

[116] Zur Rekonstruktion der *transennae* mit lateinischen Kreuzen, die man bisher in Dalmatien noch nicht gefunden hatte, siehe J. BELOŠEVIĆ, Prozorske rešetke ranokršćanske crkve sv. Bartolomeja na Crkvini u Galovcu kod Zadra. *Diadora* 15 (1993) 85-102.

schaft und stilisierten Kapitellen flankierte Arkade.

Der Klerus hatte auch die Möglichkeit, das Sanktuarium von der Seite zu betreten (Abb. 42).[117]

Durch einen Narthex gelangte man ins Kirchenschiff (14,5 x 4,5 m), an das Pastophorien angefügt wurden (Abb. 43). Im 9. Jh. erfolgte der Anbau weiterer Räume unklarer

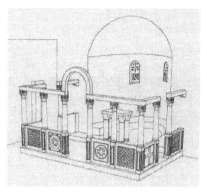

Abb. 42: Altarraum, Rekonstruktion, Saalkirche, Galovac/Crkvina (BELOŠEVIĆ [1998] 92 Abb. 4)

Funktion an das Diakonikon (?) im Süden (5,8 x 3 m). Der nördliche Priesterraum (4,8 x 4,2 m) erhielt eine l-förmige Einfassung, dessen Front in Narthexnähe an die Seitenwand der Kirche anschloss. Ein Zugang war durch eine Tür in der Nordwand des Kirchenschiffes gegeben (Abb. 44). In diesem l-förmigen Areal stieß das Grabungsteam Ende der 1980er Jahre auf Reste einer Piszine. Die spätantike Schicht war durch spätere Bestattungen derart gestört, dass über die genaue Lage und Form des Taufbeckens keine Aussage getroffen werden konnte. Die nördlichen Zubauten nahmen eine Fläche von 10,5 x 7 m ein. Der Priesterraum und das Baptisterium waren nicht miteinander verbunden, ausschließlich vom Langhaus gelangte man in die nördlichen Räume. Im Süden gab es mehrere Zugänge, einen im vorderen Bereich des Kirchenschiffes und einen im Narthex (Abb.

---

[117] Siehe DERS. 1998, 79-81; Zur vorromanischen Innenausstattung (Ziborium, Altar, Templon, Ambo): DERS., Ishodi pete, završne kampanje istraživanja lokaliteta Crkvine u selu Galovcu kod Zadra. *RFFZd* 31/18 (1993) 121-142; DERS., Dva predromanička ciborija iz Crkvine u Galovcu kod Zadra. *RFFZd* 32/19 (1993) 177-214 ; Ders., Novoprona-đeni ulomci predromaničkih ciborija i oltara s Crkvine u Galovcu kod Zadra. *RFFZd* 34/21 (1995) 151-160; DERS. 1996-1997, 309-311; Einen Vergleich mit Bauplastiken aus Biograd, Plavno, Žažvić, Biskupija und Koljani bietet I. JOSIPOVIĆ, Majstor koljanskog pluteja u stilskom razvrstavanju predromaničke skulpture iz Galovca kod Zadra. *Rad. Inst. povij. umjet.* 34 (2010) 7-18.

Abb. 43: Nördlicher Priesterraum mit
angrenzendem Baptisterium, Ansicht von
Nordosten, Saalkirche, Galovac/Crkvina
(Foto: Verf.)

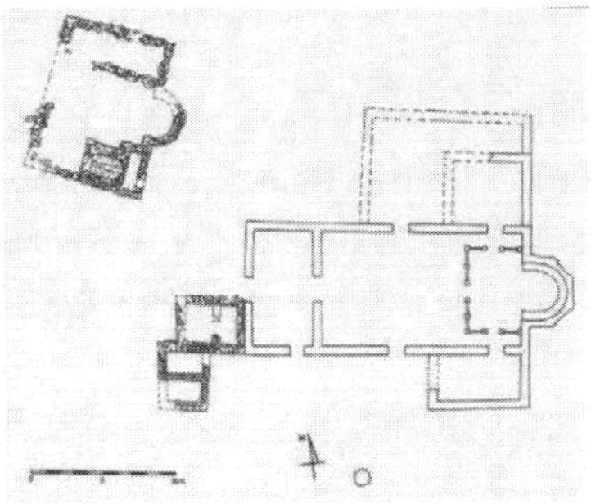

Abb. 44: Saalkirchenkomplex (6. Jh.) mit
Mausoleum, Grundriss, Galovac/Crkvina
(BELOŠEVIĆ [1998] 89 Abb. 1)

45). In karolingischer Zeit verloren das Baptisterium und die Prothesis (?)
ihre liturgische Funktion und der Friedhof innerhalb des ummauerten Kir-
chenareals wurde ausgeweitet.[118]

Bis in die Neuzeit wurde diese christliche Kultstätte frequentiert, was sich
an der teilweisen Überbauung des Narthex durch eine Kappelle des 17./18.
Jh zeigt.

Abb. 45: Saalkirchenkomplex, Ansicht von Süden, Galovac/Crkvina (Foto: Verf.)

---

[118] Vgl. BELOŠEVIĆ 1998, 75-77.

4.1.5. PRIDRAGA.
SAALKIRCHENKOMPLEX MIT TRIKONCHEN

Das Gebiet um das Karinsko More bot bereits in der Antike optimale Bedingungen für den Wein- und Olivenanbau, was sich an der Vielzahl der

villae rusticae zeigt.[119] Eine davon liegt zirka 2 km nordöstlich
von Novigrad beim Friedhof der
Gemeinde Pridraga (Abb. 46).
An der Wende zum 9. Jh. wurden Teile der kaiserzeitlichen
Villa zu einer Zentralbaukirche
mit sechs Konchen umgestaltet,
die dem heiligen Michael geweiht wurde.[120]

Abb. 46: Lageplan, Saalkirchenkomplex,
Pridraga nach http://files.homepagemodules.
de/b211118/f11738635t535500p7771328n4.jpg

Zirka 300 Meter im Osten stand bereits in iustinianischer Zeit eine Kirche,
die heute zu den besterhaltenen frühchristlichen Basiliken der Erzdiözese
Zadar gehört (Abb. 47). Die ersten Forscher, die sich mit dem Bauwerk be-
fassten, waren L. MARUN, F. RADIĆ, Ć.-M. IVEKOVIĆ, E. DYGGVE, R.
EGGER und L. KARAMAN.[121] Damals wurden Trikonchenkirchen, wie jene

---

[119] Diese Bucht an der oberen Adria liegt rund 25 km nordöstlich von Zadar und ist über das
Novigrader Binnenmeer durch eine schmale Passage (Novsko ždrilo) mit dem Meer verbunden.
Den wichtigsten Zufluss stellt die Karišnica dar, die im Süden in die Bucht einmündet. In diesem Gebiet trifft man auf die Ruinen des municipium Corinium (Gornji Karin). Siedlungsspuren
reichen jedoch bis in die Bronzezeit zurück. Siehe CHAPMAN – SHIEL – BATOVIĆ 1996,
113-116.
[120] Vgl. UGLEŠIĆ 2002, 56.
[121] Siehe dazu L. MARUN, Redovito tromjescečno izvješće kninskoga starinskoga družtva.
VHAD 13 (1891) 126; F. RADIĆ, Izvješće o radu Kninskog starinarskog družtva u Kninu u ob-
će, a napose o kršćanskim starinama do sad odkrivenim i objelodanjenim u Dalmaciji osjem Soli-
na, Bosni-Hercegovini, Hrvatskoj, Slavoniji i Istri. ShP 1 (1895) 259; Ć.-M. IVEKOVIĆ, Die
Entwicklung der mittelalterlichen Baukunst in Dalmatien. Wien 1910, 19; E. DYGGVE – R.
EGGER, Der altchristliche Friedhof Marusinac (FS 3). Wien 1939, 123; L. KARAMAN, O nekim novijim publikacijama o historiji umjetnosti u Dalmaciji. VAHD 45 (1922) 105-152.

Abb. 47: Martinskirche mit Gemeindefriedhof, Pridraga
(Foto: Verf.)

in Bilice/Dedića Punta bei Šibenik, noch der romanischen Bautradition des 10. Jhs. zugeordnet.[122] Im Fokus der Diskussionen stand ein in der Fassade vermauertes vorromanisches Schrankenplattenfragment, das einen Reiter-

heiligen mit Lanze und Schild zeigt (Abb. 48). Vergleichbare Objekte belegen, dass das Relief in Pridraga den Hl. Martin von Tours abbildet, dessen Kult mit den Benediktinern nach Dalmatien gelangte.[123] Bei den ersten Grabungen der 1960er Jahre fand man Cancellifragmente, die eine Errichtung

Abb. 48: Schrankenplattenfragment mit der Darstellung des Hl. Martin von Tours, Saalkirche, Pridraga, MHAS
(Foto: Verf.)

---

[122] S. GUNJAČA, Rezultati neobjavljenih i najnovijih arheoloških istraživanja antičkih i srednjovjekovnih lokaliteta na šibenskom području. Novija i neobjavljena istraživanja u Dalmaciji. *IzdanjaHAD* 3 (1978) 69-82.

[123] Ob die frühchristliche Kirche einem anderen Schutzpatron geweiht war, bleibt ungeklärt. Vgl. A. ZARADIJA KIŠ, Between West and East: A particularity of the Croatian Island Cult of St. Martin. *Nar. umjet.* 41/1 (2004) 41-52, besonders 44; I. PETRICIOLI, Reljef konjanika iz Prigrade. *Diadora* 8 (1975) 111-117.

- 46 -

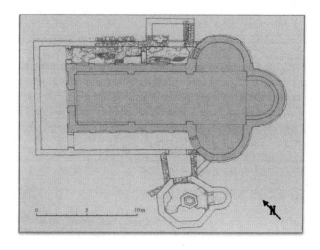

der Kirche im 6. Jh. belegen.[124]

Obwohl die Basilika im jugoslawischen Krieg schwer beschädigt wurde, konnte ihr ursprünglicher Bau im Zuge der Wiedererrichtung eingehend studiert werden.[125]

Der Grundriss des Gebäudes bildet ein lateinisches Kreuz (21,5 x 13,5 m), das im östlichen Teil in drei Konchen übergeht (Abb. 49). Vermutlich trugen im 6. Jh. hölzerne Streben und Kehlbalken das Satteldach des Kirchenschiffes, dessen First in zirka 8 m Höhe lag. Die Apsis mit Synthronon in der Zentralachse (Abb. 50) hat eine Breite von 5 m und ist um einen halben Meter breiter als die Apsiden im Querhaus. Auch die Tiefe (3 m) variiert geringfügig. Zur statischen Entlastung der kuppelförmigen Dachkonstruktion wurden außen an den Trikonchen flache Lisenen (0,75 x 0,25 m) angebracht. Beim Wiederaufbau entschied man sich für eine romanische

---

[124] S. GUNJAČA, Srednjovjekovni Dolac kod Novigrada. *ShP* 8-9 (1963) 25f.; Ebenso fand man Kapitelle, Säu-lenschäfte und Kämpfer der ursprünglichen Architektur. Vgl. M. DOMIJAN – I. PETRICIOLI – P. VEŽIĆ, *Sjaj zadarskih riznica. Sakralna umjetnost na području Zadarske nadbiskupije od 4. do 18. Stoljeća.* Zagreb 1990, 111.
[125] P. VEŽIĆ, Dalmatinski trkonhosi. *Ars adriatica* 1 (2011) 34-37.

Abb. 50: Altarbereich, Saalkirche, Pridraga
(VEŽIĆ [2005] 92)

Abb. 51: Doppelfenster, Südseite,
Saalkirche, Pridraga (Foto: Verf.)

Fassadengliederung und fügte die Pfeiler in Blendbögen zusammen.[126] Die Belichtung des Sanktuariums erfolgte ursprünglich mittels Bogenfenstern in den Konchen. Zwei Doppelfenster (1 x 1,5 m) in den Seitenwänden des Langhauses (Abb. 51) und eines über dem Portal kommen hinzu. Die Zwillingsbögen liegen heute drei Meter über dem Bodenniveau. Gestützt werden sie durch monolithische Mittelpfeiler, die an der Pilasterfront und der Vorderseite des Kämpfers eingeschnittene lateinische Kreuze mit verbreiterten Enden aufweisen. Daneben sind Lisenen in die Außenfassade eingefügt worden. Auch bei der Innengliederung der Basilika kamen Mauerblenden zum Einsatz. In der Mitte des Langhauses (13,5 x 7 m) wurden zwei angebracht. Zwei weitere Lisenen findet man am Übergang zum kleeblattförmigen Sanktuarium.[127]

Parallel zur Südwand gelangte man über einen gedeckten Zugang zum Baptisterium. Daran schloss im rechten Winkel eine kleine Vorhalle an (2,4 x 2,3 m), über die der oktogonale Taufraum (Lichte 3,8 m) zu betreten war.

---

[126] DERS., *Zadar na pragu kršćanstva. Arhitektura ranoga kršćanstva u Zadru i na zadarskome području.* Zadar 2005, 85-94; N. CAMBI, Triconch Churches on the Eastern Adriatic. In: *Actes du X. CIAC Thessalonique,* 28.9.–4.10.1980 (*SAC* 37). Thessaloniki – Vatikan 1984, 45-54.
[127] Vgl. P. CHEVALIER (Salona 2,1) 1995, 91-93.

Das sechseckige Becken (Lichte 1,4 m) im Zentrum befindet sich noch *in situ* (Abb. 52). Im Osten wurde der Raum durch eine um 2,3 m gelängte Apsis (Tiefe 0,8 m) erweitert. Über eine Tür in der südlichen Konche konnte der Klerus direkt den Vorhof zum Baptisterium betreten und den Taufakt durchführen.[128]

Abb. 52: Baptisterium mit hexagonaler Piszine,
Ansicht von Süden, Saalkirche, Pridraga (Foto: Verf.)

---

[128] P. CHEVALIER 1995, 92f.; UGLEŠIĆ 2002, 55.

4.2. ZUR *ECCLESIA SCARDONITANA*

Abb. 53: Lageplan, Blick auf die Altstadt mit Jachthafen,
Skradin nach http://www.skradin.com

Scardona (bei Skradin) war in der Antike eine wichtige Hafenstadt am rechten Flussufer der Krka (*Titius*), zirka 20 km vom Meer entfernt.[129] Seine Lage am Fuße der hügeligen Halbinsel mit optimalen Bedingungen für Handel und militärische Unternehmungen[130] brachte der liburnischen Siedlung[131] bereits in flavischer Zeit den Status eines *municipium* (Abb. 53).[132] Plinius d. Ä. erwähnt die Stadt, neben *Narona* (Vid) und *Salonae*,

---

[129] Vgl. P. CABANES, *DNP* http://referenceworks.brillonline.com/entries/der-neue-pauly/scardona-e1103010 s. v. Scardona (zuletzt eingesehen am 30.12.2014).

[130] Eine der wichtigsten Fortifikationen gegen die Delmaten zur Sicherung von *Scardona* war das Legionslager *Burnum*. Es lag am Westufer der Krka in der Nähe von Ivoševci. Wie Soldatengräber bezeugen (*ILS* 2258) waren hier Truppenverbände der *legio XI Claudia pia fidelis* bis 70 n. Chr. stationiert. Siehe dazu Ž. MILETIĆ, Prostorna organizacija i urbanizam rimskog Burnuma. In: D. MARGUŠ, *Simpozij Rijeka Krka i Nacionalni park "Krk". Prirodna i kulturna baština, zastita i održivi razvitak.* Šibenik 2007, 181-200.

[131] Strab. geogr. 7, 5, 5: Λιβυρνή πόλις; vgl. Plin. nat. 3, 141.

[132] CIL 3, 2802. Vgl. M. GLAVIČIĆ, O municipalitetu antičke Skardone. In: D. MARGUŠ 2007, 251-257; M. ZANINOVIĆ, Scardona i Rider – flavijevske fundacije. *IzdanjaHAD* 19 (1998) 121-129.

als Sitz des juridischen Konvents.[133] Wie die Existenz eines Kollegium der Augustalen belegt,[134] war das *municipium* auch Zentrum des Kaiserkultes. Ebenso hatte die *civitas* der Liburnier an diesem Ort ihr wichtigstes Heiligtum, die *ara Augusti Liburnorum*.[135]

So war es im 5./6. Jh. naheliegend hier, auf halbem Wege von *Salonae* nach *Iader*, einen kirchlichen Verwaltungsbereich einzurichten. Jedoch ist *Scardona* eine der vielen Provinzstädte Dalmatiens, von denen aus schriftlichen Quellen nur wenig bekannt ist (Abb. 54). Für die Gründung der Diözese ist mit *Constantinus episcopus ecclesiae scardonitanae*, der als sechster Unterzeichner der salonitanischen Konzilsakten des Jahres 530 genannt wird, zumindest ein *terminus ante quem* gegeben.[136]

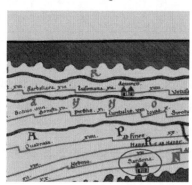

Abb. 54: *Sardona, Tabula Peutingeriana, Segmentum V* nach *http://www.tabulapeutingeriana.de/tp/tp4.4_1.jpg*

Bisherige archäologische Untersuchungen konnten keine relevanten Funde

---

[133] Plin. nat. hist. 3, 139; Der Gerichtssprengel reichte von der *Arsia* bis zum *Titius* und umfasste den größten Teil der Iapoden und vierzehn liburnische Stämme. Da *Scardona* in augusteischer Zeit nur den Status *ius Latium minus* hatte und erst unter den Flaviern zum *municipium* erhoben wurde, ist immer noch nicht geklärt, wie eine Stadt ohne diesen Status zum Hauptsitz des *conventus iuridicus* werden konnte. Siehe dazu I. GLAVAŠ, Rimske ceste oko Skardone u svjetlu novih nalaza. *VAHD* 104 (2011) 169.
[134] CIL 3, 2820; WILKES 1969, 218f.
[135] CIL 3, 2810; I. JADRIĆ – Ž. MILETIĆ, Liburnski carski kult. *ArchAdriatica* 2,1 (2008) 75-90.
[136] Eine Abschrift der Konzilsakten befindet sich in der *Historia Salonitanorum atque Spalatinorum pontificum*, welche im 13. Jh. von Thomas Archidiaconus erstellt wurde. Vgl. N. KLAIĆ, *Historia Salonitana maior*. Belgard 1967; M. IVANIŠEVIĆ, Povijesni izvori. In: E. MARIN u. a., *Salona Christiana*. Split 1994, 160; Ein weiteres Mal wird ein Bischof von *Scardona* auf der Kirchensynode von Dalmatien 877 erwähnt, jedoch ohne Namensnennung. Siehe dazu J. BARBARIĆ, Skradin, skradinska biskupija, skradinski biskupi, Sedam stoljeća Šibenske biskupije. In: *Zbornik radova sa znanstvenog skupa Šibenska biskupija od 1298 do 1998. Šibenik 22.–26.9.1998*. Šibenik 2001, 185-207.

oder Befunde weder zur Lokalisierung der antiken Stadt noch eines episkopalen Zentrums liefern, somit ist die Gleichsetzung mit Skradin noch
nicht eindeutig geklärt.[137] Zur Lage schreibt Plinius d. Ä.: *Liburniae finis et
initium Dalmatiae Scardona in ammne eo (sic Titii fluminis) XII (milia)
passuum a mari.*[138]

Im Bezug zur Eingrenzung des kirchlichen Verwaltungsbereiches zeigt sich
ein ähnliches Bild. Forschungsmeinungen divergieren durchaus. Jedoch
geht die Mehrheit davon aus, dass die
Diözese *Scardona* einen Großteil der
Bukovica, die Küste von Biograd und die
Umgebung von Knin (*Tinninium?*) entlang des rechten Flussufers der Krka bis
zur Adria umfasste. Ebenso dem Bischof
von *Scardona* unterstellt waren das Gebiet der Munizipien *Rider* (Danilo) und
Promona (Tepljuh) an der südlichen
Grenze mit den vorgelagerten Inseln, von

Abb. 55: Territorium der Diözese
Scardona ab 530 (BASIĆ [2009] 89
Abb. 4)

Murter bis Žirje (Abb. 55).[139] Das Gebiet deckt sich ungefähr mit der

---

[137] B. MIGOTTI, Ranokršćanska biskupija Scardona (Skradin). *PrilInstArheolZagrebu* 9 (1992)
101-112; Zum Forschungsstand siehe A. UGLEŠIĆ, *Ranokršćanska arhitektura na području
današnje Šibenske biskupije.* Drniš – Zadar 2006, 22.

[138] Plin. nat. hist. 3, 141; Epigrafische Überlieferungen zur Lage von *Scardona* sind nicht erhalten. Vgl. M. SUIĆ, *Zadar u starom vijeku.* Zadar 1981, 242-243.

[139] Da es keine zeitgenössischen Aufzeichnungen zur genauen Gebietsaufteilung gibt, können
die imperiale Verwaltungseinteilung sowie regionale Unterschiede in Bau und Ausstattung Hinweise geben. Unstrittig ist die östliche Trennlinie zu Salona, denn die Krka bildete bereits vor
der römischen Okkupation die Grenze zwischen *Liburni* und *Delmatae*. Zur Problematik im Detail siehe I. BASIĆ, Ecclesia Scardonitana. Stanje i problemi istraživanja Skardonske ranokršćanske crkve. Stato della ricerca e problemi aperti della chiesa paleocristiana di Scardona, In:
B. KUNTIĆ-MAKVIĆ (Hg.) *Studia Varvarina* 1. Skradin 2009, 64-66, besonders 68; Das *municipium Magnum* gehörte zum *conventus* von Salona und fiel somit nicht mehr in die
Zuständigkeit der Diözese *Scardona*. Vgl. M. ŠAŠEL KOS, *DNP* http://referenceworks.brill-
online.com/entries/der-neue-pauly/dalmatae-dalmatia-e309850 s. v. Dalmatae, Dalmatia. C.
Geografie (zuletzt eingesehen am 30.12 2014).

Abb. 56: Spolie mit Kreuzfragment, Festung St. Michael,
Šibenik (UGLEŠIĆ [2006] 34 Abb. 24)

Županija Šibenik-Knin, die heute unter die Zuständigkeit des Bistums Šibenik fällt. Ob Šibenik in iustinianischer Ära rein militärische oder auch sakrale Bedeutung hatte, ist schwer zu klären. Die Spolie eines Kreuzfragments in den nordwestlichen Festungsmauern von St. Michael (Abb. 56) genügt nicht, um einen Bischofssitz hier in der Nähe verorten zu können.[140]

Identisch stellt sich die Situation in den urbanen Zentren der Diözese dar. Das einzige frühchristliche Denkmal (5. Jh.) hat sich im *municipium Riditarum* (Danilo) erhalten.[141] Im Laufe des 5. Jhs. wurde der Thermenbereich einer *villa rustica* zu einer Memorialkirche umgebaut. Hingegen sind in den ländlichen Gebieten acht Örtlichkeiten bekannt, an denen frühchristliche Kirchen zu Tage kamen, davon drei mit Bapisterium (Taf. 2).[142]

---

[140] UGLEŠIĆ 2006, 34.
[141] M. ZANINOVIĆ, Rider između Salone e Scardone. *ARadRaspr* 12 (1996) 307-323.
[142] Zur Übersicht der Denkmäler siehe UGLEŠIĆ 2006, 60.

4.2.1. PRIŽBA/SRIMA.
SOG. DOPPELKIRCHE

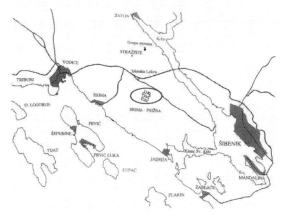

Abb. 57: Lageplan, Sog. Doppelkirche, Prižba/Srima
(GUNJAČA [2005] 6 Abb. 1)

Bereits Mitte der 1960er Jahre entdeckten Landarbeiter bei der Bewirtschaftung ihrer Felder in Prižba auf der Halbinsel Srima die Überreste eines frühchristlichen Denkmals (Abb. 57). Der Fundplatz liegt in Küstennähe etwa 3 km von *Arausa* (Vodice) entfernt und war zum Zeitpunkt der ersten Sondagen 1969 komplett mit Schuttmaterial aus der Dachkonstruktion bedeckt. Der spätere Kurator des Stadtmuseums Šibenik Zlatko GUNJAČA und sein Team schafften es in nur vier Jahren, den gesamten Komplex (ca. 740 m²) systematisch freizulegen. Der Zerstörungshorizont, in dem sich Teile der liturgischen Einrichtung sowie Mauerreste des Oberbaus befanden, wird wohl mit den Slaweneinfällen und ihrer Landnahme (6./7. Jh.) am Balkan in Verbindung zu bringen sein.[143]

---

[143] Z. GUNJAČA, Kompleks starokršćanske arhitekture na Srimi kod Šibenika. *Arh. Vest.* 29 (1978) 628.

Die Kirchengruppe (26 x 28,5 m) war umgeben von Profanbauten, die bisher noch nicht näher untersucht wurden.[144] In der ersten Bauphase entstand der Nordtrakt (Abb. 58).[145] Das Gebäude wurde in Ost/West Richtung angelegt und verfügte über einen Hauptraum -A- (13,5 x 6,8 m) mit einem Bema -A₁-. Den Kirchenabschluss bildet eine hufeisenförmige Apsis (4,15 x 3,3 m) in die ein Synthronon eingebaut wurde. Massive Strebepfeiler stützten die Apsis von

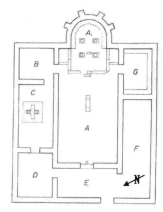

Abb. 58: Nördliche Saalkirche (5. Jh.), Grundriss, Prižba/Srima (GUNJAČA [2005] 18 Abb. 9)

außen. Diese sind ein wichtiges Detail für die zeitliche Einordnung der Nordkirche. Da in Marusinac (Salona) ähnliche Mauerverstärkungen an

Abb. 59: Bema, Nordkirche, Prižba/Srima (Foto: Verf.)

Apsiden ab der Mitte des 5. Jhs. angebracht wurden, ist eine zeitnahe Datierung (2. Hälfte des 5. Jhs.) für Prižba durchaus möglich.[146]

Im Zentrum des umschrankten Bereiches befand sich ein Ziborium (1,9 x 1,9 m) mit *conopeum*, unter dem im vorderen Bereich ein viersäuliger Altartisch stand. Die Lage ist aufgrund der Verankerungsplatten des Ziboriums *in situ* gesichert (Abb. 59). Im Laienraum befand sich ein Ambo mit polygonalem Parapet. Zu diesem führten, in einer

---

[144] UGLEŠIĆ 2006, 27.
[145] Details zur Nordkirche siehe Z. GUNJAČA, *Srima – Prižba. Ostaci arhitekture i analiza građevinskih faza.* Šibenik 2005, 17-22; Zu den Abmessungen: UGLEŠIĆ 2006, 27f.
[146] UGLEŠIĆ 2006, 32; CHEVALIER (Salona 2,2) 1995, 70-74.

Achse zum Narthex -E-, zwei Treppen hinauf. Die Abmessungen der Konstruktion können aufgrund der erhaltenen Fragmente mit 1,9 x 0,5 Metern angegeben werden.[147] Südlich des Presbyteriums führte eine Tür zur Prothesis -G- (5,1 x 3,1 m), die eine umlaufende Backsteinbank an der Ost-, West- und Südseite hatte. Auf der gegenüberliegenden Seite, im nördlichen Seitentrakt, war ein etwas kleinerer Priesterraum -B- (3,4 x 3,9 m) vorhanden. Von hier aus konnte der Klerus das angrenzende Baptis-

terium -C- betreten. Täuflingen stand nur der Weg über Narthex -E- (3,3 x 6,9 m) und Apodyterium -D- (4,9 x 3,9 m) offen. An die südliche Fassade des bestehenden Objekts wurde die Südkirche[148] parallel zur Längsachse angebaut (Abb. 60). Anhand der halbrunden Apsis und einiger signifi-

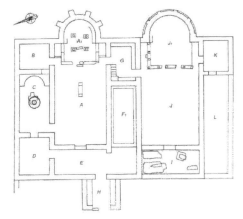

Abb. 60: Sog. Doppelkirche (6. Jh.), Grundriss, Prižba/Srima (GUNJAČA [2005] 23 Abb. 18)

kanter Dekorteile lässt sich nachweisen, dass der Zubau um die Mitte des 6. Jhs. erfolgte.[149] Die Räume -F_1- und -G- zwischen den beiden Haupttrakten erhielten andere Funktionen. Mit einem neuerrichteten Durchbruch in der südlichen Mauer der Prothesis -G- wurde für den Klerus ein Verbindungs-

---

[147] Ebenso haben sich Teile der Templonanlage (Schrankenplatten, Säulen mit Pilastern, Kapitelle), Kämpferplatten und Ziboriumsfragmente erhalten. Eine katalogische Auflistung mit detailreicher Beschreibung hat D. MARŠIĆ, Skulptura. In: Z. GUNJAČA u. a., *Srima – Prižba. Starokršćanske dvojne bazilike.* Šibenik 2005, 71-122 (Beschreibung), 123-188 (Katalog) zusammengestellt. Einige Originalfragmente und die Templonrekonstruktion der Nordkirche sind im Stadtmuseum Šibenik ausgestellt.
[148] Zur Südkirche siehe GUNJAČA 2005, 22-27; Zu den Abmessungen vgl. UGLEŠIĆ 2006, 28f.
[149] Ausführlich zur Datierung vgl. UGLEŠIĆ 2006, 32f.

Abb. 61: Zisterne mit südlich
angrenzendem Kirchenschiff,
Sog. Doppelkirche,
Prižba/Srima (Foto: Verf.)

gang zwischen den beiden Kirchen geschaffen. Der Priesteraum (4,2 x 3,3 m) wurde an die Südflanke -K- der Doppelkirche verlegt. Welchen Zweck der langrechteckige Raum -L- (13 x 3,3 m) davor erfüllte, lässt sich nicht mehr eruieren (Atrium?). Infolge der Umbauten änderte sich der Taufablauf. Ursprünglich konnte das sog. Katechumeneion -F_1- (11,7 x 3,2 m) über den Narthex -E- betreten werden. Im Rahmen des Umbaus wurde der Zugang vermauert und die inneren Wände und der Boden des Vorbereitungsraumes mit wasserdichten Mörtel überzogen (Abb. 61). Des Weiteren wurde die Dachführung so umgestaltet, dass das Regenwasser hier abfließen konnte. Das Wasser aus der Zisterne konnte über eine Treppe in der ehemaligen Prothesis -G- geschöpft werden.[150]

Die Südkirche (13,5 x 7,5 m) wurde mit einem Bema -J_1-, einer Templonanlage, einem Ziborium und einem Ambo ausgestattet.[151] Eine Priesterbank in der Apsis (5,1 x 3,5 m) kam bei der Grabung nicht zum Vorschein (Abb. 62). Zutritt in die Südkirche hatte der Gläubige durch den Narthex -I- (3,2 x 7,5 m).[152] Weiterhin bestand die Möglichkeit, das Hauptportal im nördlichen Bereich zu nutzen, das durch ein Prothyron -H- (3,8 x 3,3 m) erwei-

---

[150] Z. GUNJAČA, Cisterna starokršćanske dvojne bazilike na Srimi. *Diadora* 13 (1994) 269-290.
[151] MARŠIĆ (Skulptura) 2005, 71-188.
[152] Im Narthex der Südkirche befanden sich drei Gräber, ebenso zwischen den beiden Apsiden. Grabbeigaben indizieren, dass die Bestattungen an der Wende zum 7. Jh. erfolgten (*terminus a quo* der Slaweneinfälle). Siehe dazu D. MARŠIĆ, Grobovi. In: GUNJAČA u. a. 2005, 207-218.

tert wurde. In die Zwischen-
wand der Narthices wurde ein
Durchgang gebaut. Ende des
6. Jhs. gab es nur noch geringfügige Modifikationen am
Interieur. Kurz darauf fiel die
Doppelkirche einer Verwüs-
tung zum Opfer.

Abb. 62: Bema, Südkirche, Prižba/Srima
(Foto: Verf.)

4.2.1.1. BAPTISTERIUM UND ZUGEHÖRIGE RÄUME

Die Taufanlage, welche bereits innerhalb der Nordkirche konzipiert wurde,
bestand in der ersten Nutzungsphase aus einem Baptiste-
rium -C- mit vorgelagertem Apodyterium -D- im nördlichen Seitentrakt (Abb. 63).[153] Ein Narthex schloss an der
Südfront daran an, der rechtwinkelig in das sog. Katechumeneion einmündete.[154] Der als Diakonikon -B- bezeich-
nete Raum hinter dem Baptisterium konnte durch eine
Seitentür betreten werden. Eine
Salbung des Getauften in dieser
Kammer wäre ebenso denkbar.
Nach erhaltener Konsignation

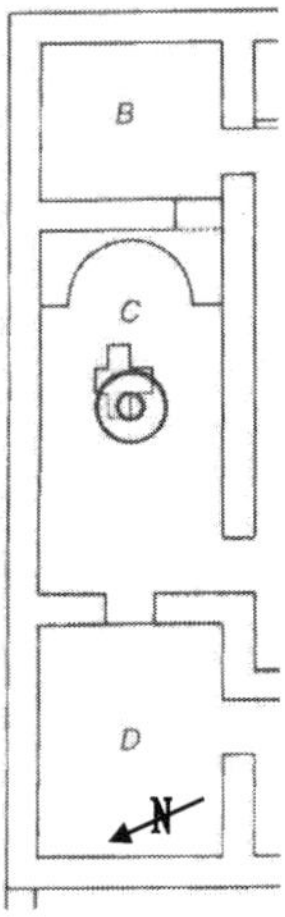

Abb. 63: Baptisterium,
Apodyterium und
Diakonikon, Nordtrakt, Sog.
Doppelkirche, Grundriss,
Prižba/Srima (GUNJAČA
[2005] 23 Abb. 18)

hätte der Neophyt direkt in den Kirchenraum gelangen
können, um die Eucharistie mitzufeiern. Im nördlichen Teil des Gebäudes

---

[153] Zum ursprünglichen Baptisterium und dessen Umbauten siehe Z. GUNJAČA, Krstionica
starokršćanske dvojne bazilike na Srimi. *Lihnid* 7 (1989) 165-179.
[154] Aufgrund der abseits gelegenen Position im Raumplan ist eher von einem
Multifunktionsraum auszugehen. Vgl. UGLEŠIĆ 2006, 28, besonders Anm. 71; GUNJAČA
1994, 269-290.

Abb. 64: Baptisterium mit Piszine, Ansicht von Westen, Nordtrakt, Sog. Doppelkirche Prižba/Srima (Foto: Verf.)

lag das Baptisterium mit der leicht nach Norden verschobenen Piszine (Abb. 64). Bevor das Taufbecken Mitte des 6. Jhs. kreisförmig umgestaltet wurde, hatte es die Form eines lateinischen Kreuzes und war von einem Baldachin überhöht (Abb. 65). Davon haben sich Fragmente erhalten.[155] In die Mitte der Piszine gelangte der Täufling über drei Stufen, die bis auf 77 cm eingetieft wurden.[156] Der Einstieg war quer zur Hauptachse ausgerichtet und konnte beidseitig betreten werden. Im Zuge einer einzigen Baumaß-

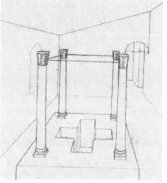

Abb. 65: Baptisterium mit kreuzförmiger Piszine (5. Jh.), Saalkirche, Rekonstruktion, Prižba/Srima (GUNJAČA [1989] 177 Abb. 10)

nahme wurde der Durchgang zum Diakonikon zugemauert, im vorderen Teil der Taufanlage ein neuer Zugang zum Kirchenraum errichtet und im Osten des Gebäudes eine ummantelte Apsis angesetzt. Alle diese architektonischen Modifikationen stellen klare Indizien für eine veränderte Taufliturgie in iustinianischer Zeit dar.

---

[155] Für eine detaillierte Beschreibung der Funde aus dem Baptisterium siehe MARŠIĆ (Skulptura) 2005, 87-89.

[156] Die kreisförmige Ausführung hatte nur zwei Stufen und eine etwas geringere Tiefe (67 cm). Vgl. S. RISTOW, *Frühchristliche Baptisterien* (*JbAC Erg.-Bd.* 27). Münster 1998, 206 Kat. Nr. 479, 480.

4.2.2. Ivinj.
Dreischiffige Basilika mit eingezogener Apsis

Abb. 66: Archäologische Stätte Ivinj mit Martinskirche,
Luftbildaufnahme nach http://www.aquarius-online.com/en/
amenities/ivinj-archeol-site

Die archäologische Stätte Ivinj (Abb. 66) liegt auf einer kleinen Anhöhe oberhalb der adriatischen Bucht Pirovac (Makirina). Fruchtbarer Boden, verfügbares Quellwasser und die Nähe zum Meer waren entscheidende Faktoren für eine frühe Besiedlung der Gegend. Bereits in augusteischer Zeit entstand in Ivinj eine *villa rustica*, in der Olivenöl produziert wurde.[157] Vor den Wirtschaftsgebäuden verlief eine Straße, die das Landesinnere über *Colentum* (Tisno/Murter) mit *Arausa* (Vodice) verband.[158]

Abb. 67: Reste der *villa maritima* mit frühchristlicher
Basilika und Martinskirche, Ansicht von Osten
(Foto: Verf.)

---

[157] UGLEŠIĆ 2006, 24.
[158] K. STOŠIĆ, *Sela šibenskog kotara*. Šibenik 1941, 214.

Der Handel florierte. Bereits in flavischer Zeit, vergleichbar mit der ergrabenen Villa auf Murter[159], erfolgte eine Erweiterung der Baustrukturen. Die *villa maritima* in Ivinj erstreckte sich über eine Fläche von 2.300 m².

Sie verfügte über einen luxuriös ausgestatteten Wohnbereich mit Therme, Produktions- und Lagerstätten um einen zentral gelegenen, weitläufigen Innenhof (Abb. 67).[160] Auch nach der Umwandlung des westlichen Teils der Villa in eine frühchristliche Kirche, wurden Teile der Anlage weiterhin als Wohn- und Werkstätten genutzt. Zeichen der Kontinuität trotz wechselhafter Zeiten lassen sich

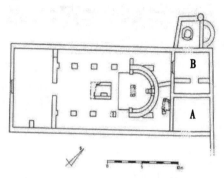

Abb. 68: Dreischiffige Basilika mit Baptisterium (6. Jh.), Grundriss, Ivinj (ZORIĆ [1999] 107 Abb. 3)

am Bau der Martinskirche innerhalb des Areals im 12./13. Jh. erkennen, wie auch Grabbefunde verifizieren.[161]

Seit 1994 setzte sich das Kultusministerium Šibenik für die Erforschung und Erhaltung des Kulturerbes ein. Unter der Leitung von Magda ZORIĆ konnten bis 1999 insgesamt 405 frühmittelalterliche Gräber freigelegt, alle aufrecht stehenden Mauerreste konserviert und die Bereiche A / B der Basi-

---

[159] A. FABER, Rimsko naselje u Murteru. *IzdanjaHAD* 19 (1998) 97-108, Abb. 13; Frühchristliche Denkmäler konnten in der antiken Hafenstadt *Colentum* bislang nicht nachgewiesen werden. Ein einziges Fragment in Zweitverwendung hat sich in der Außenmauer der Madonnenkirche Gradina (17. Jh.) erhalten. In den Stein wurde ein lateinisches Kreuz mit langgezogener schmaler Haste eingemeißelt. Siehe dazu I. PEDIŠIĆ, Murter – najnovija arheološka istraživanja. *ObavijestiHAD* 34,1 (1999) 58-62.

[160] M. ZORIĆ, Ivinj. Ranokršćanska bazilika s krstionicom. *ObavijestiHAD* 31,3 (1999) 103; Mosaikreste und Kleinfunde sind im Katunarić Palast in Tisno ausgestellt.

[161] E. HILJE, Kontinuitet murterskih ranokršćanskih crkava. In: *Radovi sa znanstvenog skupa Murter i njegova župa u prošlosti. Murter 18.–20.9.1998 (Murterski godišnak 2).* Murter 2005, 37; Zu den frühmittelalterlichen Gräbern in Ivinj siehe M. ZORIĆ, *Ivinj. Crkva Sv. Martina. Rezultati arheološjig istraživanja.* Šibenik 1994.

lika (Abb. 68) untersucht werden.[162] Weitere Forschungsergebnisse blieben seitdem unpubliziert.[163] Anhand von Plänen und der Bestandsaufnahme vor Ort lassen sich zumindest zwei Bauphasen des frühchristlichen Denkmals rekonstruieren. Die zeitliche Einordnung von Ante UGLEŠIĆ, der die erste Bauphase im 4. Jh. ansetzt, muss revidiert werden. Für einen frühen Kirchenbau gibt es keine Belege, ebenso wenig wie für die Interpretation als Oratorium.[164] Weder eine Apsis noch ein Märtyrergrab wurden angetroffen. Auch die Raumgröße (zirka 200 m²) spricht eher gegen eine Hauskirche. UGLEŠIĆ stützt

Abb. 69: Backsteinsockel, Laienraum, Dreischiffige Basilika, Ivinj (Foto: Verf.)

sich bei seiner Argumentation auf einen in einer leeren Halle stehenden Backsteinsockel (2,6 x 1,8 m), in dem er einen Altar erkennen möchte (Abb. 69). In der Tat wäre dies ein einzigartiger Fund.[165] Stabile Unterböden besitzen eine höhere Tragfähigkeit. Der Sockel könnte als Fundament einer Olivenölpresse gedient haben. Die umliegenden Rohrleitungen wären ein Indiz für eine Nutzung des Raumes in der landwirtschaftlichen Produktion.[166]

---

[162] ZORIĆ 1999, 104.
[163] UGLEŠIĆ 2006, 23.
[164] UGLEŠIĆ 2006, 24.
[165] Siehe ebd. 24: Približno na sredini te prostorije bio je velik zidani oltar (mensa). Tako koncipiran oratorij zasad je jedinstven primjer na našim prostorima.
[166] Vgl. V. BEGOVIĆ – I. SCHRUNK, Rimske vile Istre i Dalmacije 2. Tipologija vila. *PrilInstArheolZagrebu* 20 (2003) 95-112. Ebenso könnte auf dem Podest eine Statue oder ein Becken gestanden haben.

Abb. 70: Dreischiffige
Basilika, Ansicht von
Südwesten, Ivinj
(Foto: Verf.)

Die Umwidmung in eine geostete dreischiffige Basilika hat wohl frühestens um die Mitte des 5. Jhs. stattgefunden. Von der Oberbaukonstruktion blieben keine Baufragmente erhalten, ein Indiz für eine schlichte Holzbalkenkonstruktion. Die Gesamtfläche der Kirche ohne Baptisterium beträgt 26,3 x 10,6 m. Zwei massive Mauerzungen trennen den Narthex im Eingangsbereich ab. Je drei freistehende Pfeiler teilten den Laienraum in drei Schiffe (Abb. 70). Im Mittelschiff auf dem Ziegelpodium

Abb. 71: Bema und Pastophorien, Ansicht von Nordosten, Dreischiffige Basilika, Ivinj (Foto: Verf.)

stand der Ambo. Zirka 3 m weiter im Osten haben sich Reste einer Mensabodenplatte und einer Reliquienkammer (?) erhalten (Abb. 71).[167] Rundum befindet sich eine freistehende Priesterbank mit Kathedra.[168] Den seit-

---

[167] UGLEŠIĆ 2006, 25.
[168] Die in der Untersuchungszone häufigen Synthronon-Einbauten spiegeln einen von Byzanz ausgehenden Trend der 1. Hälfte des 5. Jhs. wider. Eine Datierung um diese Zeit wird damit plausibel.Vgl. A. ŠONJE, *Bizant i crkveno graditeljstvo u Istri* (*Biblioteka Dometi. Nova serija* 6). Rijeka 1981, 18.

lichen Abschluss des Halbrunds bildeten zwei Pilaster, die in einen Triumphbogen mündeten. Die seitlichen Zugänge in den hinteren Bereich der Basilika zu den Pastophorien könnten durchaus mit Vorhängen verdeckt worden sein. Mit der architektonischen Trennung zur geradlinigen Abschlussmauer (Abb. 71) wird die unterschiedliche Funktionszuweisungung der Räume verdeutlicht. Im südlichen Raum wurde wohl das liturgische Gerät aufbewahrt, und im Norden gab es durch die Prothesis einen Zugang in Bereich B, einen weiteren adaptierten Villentrakt.

Von hier aus war der Zugang in das nördlich angefügte Baptisterium (Abb. 72) gegeben. Dabei handelt es sich um einen zirka 10 m² großen Raum mit

Abb. 72: Baptisterium, Ansicht von Norden, Dreischiffige Basilika, Ivinj (Foto: Verf.)

angesetzter Apsis (1,8 x 0,9 m) im Osten. Das runde Taufbecken liegt leicht aus der Raummitte zur nordwestlichen Ecke hin verschoben und hatte einen Innendurchmesser von 70 cm.[169] Mitte des 6. Jhs. erfolgte die Vergrößerung zu einer hexagonalen Piszine. Ebenso wurde Bereich B in zwei Räume geteilt, die als Katechumeneion bzw. Konsignatorium und Umkleideraum gedient haben könnten. Raum A war nur von außen zugänglich. Im Diakonikon wurde ein Reliquiar (53 x 28 cm) aufgefunden, das dem Gebäude eine zusätzliche Memorialfunktion verlieh. In iustinianische Zeit fällt die Erhöhung des nun mit Schrankenplatten umgebenen Presbyteriums. Weitere Funde bestanden in Kämpferkapitellen, Pilastern mit latei-

---

[169] ZORIĆ 1999, 104f.; UGLEŠIĆ 2006, 24f.

nischen Kreuzen und Stuckdekor.[170]

4.2.3. TRBOUNJE/ČUPIĆI.
KIRCHENGRUPPE

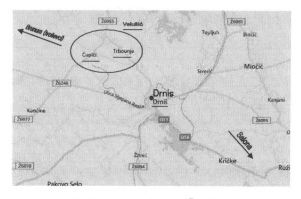

Abb. 73: Lageplan, Trbounje/Čupići nach
https://www.google.at/maps/place/Trbounje+Kroatien

Die Aufzeichnungen zweier Franziskanermönche zeigen, dass die Kenntnis über spätantike Baustrukturen bei Trbounje/Čupići[171] bereits Anfang des 20. Jhs. innerhalb der einheimischen Bevölkerung vorhanden war. Pater Karlo KOSOR vermerkt, dass das Dorf Trbounje/Čupići vermutlich bei den Ruinen von Crkvina gegründet worden sei und sich dort Reste einer kleinen Kirche erhalten haben. Ebenso hilfreich für die moderne Erforschung des Areals war der Tagebucheintrag von Lujo MARUN, der am 21. September 1910 erste Begehungen auf dem Gelände durchgeführt hatte und

---

[170] UGLEŠIĆ 2006, 25; Seitlich des Baptisteriums und im Narthex wurde ab dem 6./7. Jh. bestattet.

[171] Die Informationen zum Forschungsstandort Crkvina bei Trbounje/Čupići basieren auf J. ZANINOVIĆ, Ranokršćanski sakralni kompleks „Crkvina" u selu Trbounje kod Drniša. *Arch-Adriatica* 2,2 (2008) 529-542, den ergänzenden Maßangaben bei UGLEŠIĆ 2006, 44-47 und den vor Ort gesammelten Erkenntnissen. Die archäologische Stätte konnte vom Verfasser im Sommer 2014 besucht werden. Das Toponym Crkvina gibt die Zugehörigkeit zu einer ehemals bestandenen Kirche in diesem Weiler an.

innerhalb dichter Vegetation Säulenfragmente von zirka 1 m Durchmesser fand. Zur Lage verzeichnete er, dass Crkvina sich im Abschnitt der Bahnstrecke zwischen Velušić und Trbounje befand (Abb. 73). Dies war zu jener Zeit deshalb von Bedeutung, da die umliegenden Kohlebergwerke den Abbau direkt in die 5 km nordwestlich entfernte Stadt Drniš per Bahn transportieren konnten. Nach den Weltkriegen wurde das Gebiet als Weideland genutzt, freiliegende Architekturteile als Spolien verbaut und an der Peripherie Olivenbäume gepflanzt. Aufgrund der erhaltenen Notizen und der Nähe zur imperialen Reichsstraße *Salona – Andetrium – Magnum – Promona – Brunum*, die nordöstlich des Prominagebirges verlief, begann Joško ZANINOVIĆ 1999 im Auftrag des Stadtmuseums Drniš mit der systematischen Erforschung des Ortsteils Trbounje/Čupići. Wenige Meter neben der Asphaltstraße kamen die neuzeitliche Bahntrasse und Teile einer älteren Dachkonstruktion, *tegulae* und *imbrices* zum Vorschein. Während der vierjährigen Grabungskampagne konnte der gesamte Kirchenkomplex mit einer Fläche von 900 m² freigelegt werden.[172] Ein abschließender Bericht liegt bisher nicht vor.[173]

Die Analyse der Baustrukturen hat ergeben, dass spätestens zu Beginn des 5. Jhs. n. Chr. eine Saalkirche mit Narthex über den Fundamenten einer *villa rustica* erbaut wurde (Abb. 74).[174] Das langrechteckige Gebäude (12,8 x 3,3 m) wurde mit einem Tonnengewölbe überdacht und im Osten eine halbrunde Apsis (2,3 x 2 m) mit Synthronon hinzugefügt. An der Südseite des Presbyteriums befanden sich weitere Mauerbänke. In die erste Bauphase fällt die Verstärkung der Seitenwände mit Lisenen. Zu betreten war

---

[172] ZANINOVIĆ 2008, 529f.
[173] UGLEŠIĆ 2006, 44.
[174] Bereits in prähistorischer Zeit war die Čupića-Anhöhe 300 m südlich von Crkvina als Wehrsiedlung angelegt worden. Vgl. ZANINOVIĆ 2008, 530.

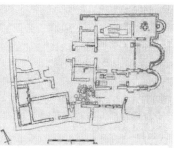

Abb. 74: Saalkirche (5. Jh.), Ansicht von Westen, Trbounje/Čupići (Foto: Verf.)

Abb. 75: Kirchengruppe (6. Jh.) und Reste einer *villa rustica*, Grundriss, Trbounje/Čupići (ZANINOVIĆ [2008] 531 Abb. 2)

die Kirche über einen Narthex im Süden. Hier befinden sich zwei von massiven Steinplatten verschlossene Grabkammern. Somit ist der frühe Kirchenbau als Friedhofskirche anzusprechen.[175]

Durch das Anfügen weiterer Baukörper ent-stand um die Mitte des 6. Jhs. eine Komplexanlage mit Satteldach und drei Apsiden (Abb. 75).[176] Der nunmehr südlichste Teil der Anlage, die Grabkirche, blieb weiterhin in liturgischer Verwendung (Diakonikon?) und konnte direkt vom nördlich angesetzten Presbyterium durch eine separate Tür betreten werden. Des Weiteren gab es einen Durchgang in den Narthex des Südtrakts.[177]

Der Altar wurde in den Zubau verlegt, wahrscheinlich in unmittelbare Nähe zur Krypta (Abb. 76).[178] Ob es sich bei der Grabkammer im Kirchenraum um ein Martyrion handelt, bleibt ungeklärt. Jedenfalls war die quadratische Öffnung, die als Einschub in die tonnengewölbte Kammer diente, mit einem grobgehauenen Steinquader verschlossen und die Fugen mit Mörtel verputzt. Mehrere trapezförmige Steinplatten könnten auf ein Ziborium

---

[175] ZANINOVIĆ 2008, 532.
[176] Die vorgeschlagene Datierung stützt sich auf die polygonale Apsis im Kirchenschiff und Baudekorfragmente.
[177] UGLEŠIĆ 2006, 46.
[178] Zu den Grabkammern siehe ZANINOVIĆ 2008, 538f.

Abb. 76: Krypta, Kirchenraum,
Nordtrakt, Trbounje/Čupići
(Foto: Verf.)

Abb. 77: Apsis mit Synthronon, Ansicht von
Westen, Nordkirche (6. Jh.), Trbounje/Čupići
(Foto: Verf.)

hinweisen, welches speziell in frühchristlichen Bauten den freistehenden
Altar über dem Martyrergrab hervorheben sollte. Vom Altartisch selbst hat
sich nichts erhalten. In der außen polygonalen, innen halbrund gestalteten Apsis (Innenmaße 3,5 x 2,5 m) fand sich
ein einstufiges Synthronon (Abb. 77). Hinweise auf eine bischöfliche Kathedra fehlen, obwohl die Ausstattung des
Baus mit einer Vielzahl an Memorialgräbern und einem
Baptisterium zumindest einen visitierenden Bischof nahe-
legt. Das Bema reichte bis zur Krypta und war durch
Schrankenplatten vom Kirchenraum (8,1 x 6,6 m) getrennt.[179] Von der Steinschwelle haben sich Reste *in situ*
erhalten, ebenso ein Schrankenplattenfragment mit Farb-
resten auf der Außenseite. Aus dem Obergadenversturz
stammt ein Fensterpilaster mit eingeschnittenem lateinischem Kreuz mit verbreiterten Enden (Abb. 78), das der
ersten Bauphase angehört und eine frühe Datierung der Kir-

Abb. 78:
Fensterpilaster,
Südkirche,
Trbounje/Čupić
i (UGLEŠIĆ
[2006] 46 Abb.
41a)

che, an der Wende zum 5. Jh., bestätigt.[180] Bei den Funden ohne genaue
Raumzuweisung handelt es sich um kleine Säulen mit Kapitellen und ein

---

[179] ZANINOVIĆ 2008, 533f.
[180] MIGOTTI 1992, 120 Abb. 17a im Vergleich zu 17b.

Abb. 79: Narthex,
Nordkirche (6. Jh.),
Ansicht von Westen,
Trbounje/Čupići
(Foto: Verf.)

Kalksteinfragment, in das ein Christusmonogramm eingemeißelt wurde.[181]
Der Laienzugang in die Kirchengruppe war an der Westseite (Abb. 79), begehbar über eine kleine Vorhalle (4,5 x 4 m). Vor dem Eingang befinden
sich aufgemauerte Bänke und an die Nordwand des Narthex, leicht nach
innen versetzt, grenzt eine Zisterne an. Die Funktion des l-förmigen Baus
südwestlich des Eingangs ist unklar.[182]

4.2.3.1. BAPTISTERIUM UND NEBENRAUM

Im Zuge der byzantinischen Umbauphase erfolgte der
Einbau eines Baptisteriums mit angrenzendem Neben-
raum (Abb. 80) an der Nordflanke der dreiteiligen
Anlage.

Zu betreten waren die Räume durch einen wind-
geschützten Vorraum, der mit der
angrenzenden Zisterne eine bauliche Einheit bildet.[183] Ein weiterer
Zugang, der dem Klerus einen direkten Zutritt durch das Presbyte-

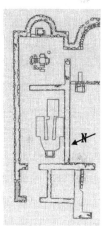

Abb. 80:
Baptisterium,
Grundriss, Kirchen-
gruppe, Trbounje/
Čupići (ZANINOVIĆ
[2008] 531 Abb. 2)

---

[181] Die Baudekorfragmente befinden sich im Stadtmuseum Drniš. Vgl. UGLEŠIĆ 2006, 46;
ZANINOVIĆ 2008, 536f.
[182] ZANINOVIĆ 2008, 536.
[183] DERS. 2008, 535f.

rium ermöglichte, wurde zu einem späteren Zeitpunkt angelegt.[184] Diese Adaption gibt einen Hinweis auf liturgische Änderungen im vorkarolingischen Taufgeschehen.

Im Gegensatz zum Diakonikon wurde der Taufraum bis zum hölzernen Pultdach mit wasserfestem Baukalk verputzt. Aufgrund der Vielzahl an erhaltenen Freskofragmenten[185] können geometrische und florale Motive, die eine breite Farbpalette (rot, blau, gelb und schwarz) aufweisen, rekonstruiert werden.

Den Abschluss des rechteckigen Taufraumes (7,5 x 4,6 m) bildet eine halbrunde Apsis. In dieser Nische (2,1 x 1,7 m) hat sich die monolithische Mensabodenplatte zur Gänze erhalten (Abb. 81). Aufgrund der Ausnehmungen in der Basis stand hier ein viersäuliger Tisch. Leicht erhöht durch eine Steinschwelle hob sich der Tisch vom Fußboden ab. In der Raummitte befand sich eine kreuzförmige Piszine mit kreisförmiger Eintiefung. Das Becken war mit wasserdichtem Mörtel versiegelt. Bei den rundherum angetroffenen Steinquadern könnte es sich um Teile aus der Ummauerung der Piszine handeln. Eine leicht abgesetzte Abstufung gibt den Einstieg im Norden an. Innerhalb der Anlage liegt das Baptisterium im Nordosten.[186]

Abb. 81: Bodenplatte, Tisch, Baptisterium, Kirchengruppe, Trbounje/ Čupići (Foto: Verf.)

---

[184] ZANINOVIĆ 2008, 534.
[185] Ders. 2008, 537.
[186] UGLEŠIĆ 2006, 46f.

5. ANALYTISCHE BETRACHTUNG DER DENKMÄLER IM GRÖSSEREN KONTEXT MEDITERRANER KIRCHENBAUTEN

Auf der Grundlage von Katalog und Schautafeln mit Details zu Architektur und liturgischen Einrichtungen wird der Fokus auf vergleichbare Denkmäler des adriatischen Raumes beschränkt. Berücksichtigt werden jedoch relevante mediterrane Bezüge zu prägenden Einflüssen auf den dalmatinischen Kirchenbau und seine Entwicklung, die zu einer eigenständigen Bautradition bzw. Formenvokabular geführt haben.

5.1. KIRCHEN. TYPOLOGIE UND FUNKTIONSZUWEISUNG

Ausgehend von den christlichen Zentren in Rom und Konstantinopel, sowie Ephesos, Alexandria und Antiochia, breitete sich der Kult bis zur zweiten Hälfte des 4. Jhs. bis an die Adriaküste aus. Was die erkennbaren Baulichkeiten anbelangt, anfänglich auf größere Städte beschränkt, werden ab der 2. Hälfte des 5. Jh. auch in kleineren Gemeinden und auf den Arealen von Villen architektonische Zeugen des christlichen Glaubens fassbar. Die nicht immer deutlich abgrenzbare Formenvielfalt der als Bischofs-, Gemeinde- oder Friedhofskirche sowie Memoria angesprochenen Gebäude geht mit räumlichen und liturgischen Vorgaben, dem Platzbedarf und der Funktion konform.[187]

Die Schwierigkeit einer Klassifikation zeigt sich an den festgelegten Grundtypen des Kirchenbaus, die Saal- und Hallenkirche sowie Basilika

---

[187] Vgl. B. MIGOTTI, Vrste i namjene ranokršćanskih zdanja u Dalmaciji. *RFFZd* 34 (1995) 113-144.

und Zentralbau unterscheidet. Die drei erstgenannten Bauten sind Longitudinalformen. Eine Saalkirche mit Trikonchen hat einen zentral konzipierten Abschluss, ist in ihrer Gesamtform jedoch ein längsgerichteter Bau. Da vom aufgehenden Mauerwerk oft nur wenig erhalten ist, sind Rekonstruktionen des Daches rein hypothetisch. Beispielsweise könnte eine dreischiffige Basilika mit eingezogener Apsis zwar ein höheres Mittelschiff als die Seitenschiffe haben, jedoch in einem Satteldach ohne Lichtgaden enden. Dann wäre der Begriff Pseudobasilika zu wählen. Des Weiteren sind Saalkirchen einschiffige Gebäude ohne Annex, die jedoch in Dalmatien um Nebenräume erweitert wurden.[188]

Die bisher erforschten frühchristlichen Kirchen mit Baptisterium der spätantiken Diözesen *Iader* und *Scardona* können folgendermaßen klassifiziert werden: in Saalkirchen, Komplexbauten mit Apsis und Trikonchen, dreischiffige Basiliken mit eingezogener Apsis und Kirchengruppen (Komplexbasiliken und sog. Doppelkirchen). Die chronologisch aufbereitete Zusammenstellung kann eine klare Sicht auf Genese und Entwicklung der relevanten Bauformen vermitteln.

5.1.1. SAALKIRCHE

Aufgrund der Dachkonstruktion waren Saalkirchen eher geringer dimensioniert, da es im Unterschied zur Basilika keine Pfeiler- bzw. Säulenstellung gab, die den Hauptraum in Schiffe gliedert und einen statischen

---

[188] Siehe dazu mit weiterführender Literatur H. BRANDENBURG, *TRE* 18 (1989) Sp. 421-442 s. v. Kirchenbau I. Der frühchristliche Kirchenbau; B. KILIAN, *DNP* http://referenceworks. brillonline.com/entries/der-neue-pauly/basilika-rwg-e1304660 s. v. Basilika (zuletzt eingesehen am 21.2.2015); C. HÖCKER, *DNP* http://reference-works.brillonline.com/entries/der-neue-pauly/zentralbau-e12216250 s. v. Zentralbau (zuletzt eingesehen am 21. 2.2015).

Ausgleich bedingte.[189] Die Bauform ist ein charakteristisches Merkmal für kleine christliche Gemeinden Dalmatiens, die bald nach der Konstantinischen Wende in urbanen Zentren damit begonnen haben, Profanbauten für den Gottesdienst umzugestalten.[190]

Der Nukleus des früh-christlichen Salona entstand im nordöstlichen Stadtteil, nahe der Stadtmauer. Dort fand Ejnar DYGGVE die Überreste eines rechteckigen Gebäudes, das mit Steinplatten ausgelegt war und durch *cancelli* in zwei

Abb. 82: Freistehende halbrunde Steinbank und Plattenbelag, Oratorium A, Salona (Foto: Verf.)

Bereiche getrennt wurde. Die freistehende halbrunde Steinbank vor der Westmauer veranlasste DYGGVE dazu das ehemalige Wohnhaus als Oratorium A zu bezeichnen (Abb. 82). Neuere Untersuchungen, die zu Beginn des 21. Jhs. von Pascale CHEVALIER und Jagoda MARDEŠIĆ an dem Bauwerk vorgenommen wurden, revidierten zwar eine vorkonstantinische Umwidmung, jedoch nicht die Funktion als Saalkirche.[191]

Etwas später, wohl um die Mitte des 4. Jhs., lässt sich der Tavernenumbau beim *iadertinischen* Forum einordnen. Anhand des langrechteckigen Gebäudes mit Apsis im südwestlichen Stadtviertel von *Aenona* (Nin) lässt sich

---

[189] Zur Abgrenzung von anderen Bauten vgl. B. KILIAN, *DNP* http://referenceworks.brill-online.com/entries/der-neue-pauly/basilika-rwg-e1304660 s. v. Basilika (RWG). 2. Sakralbau (zuletzt eingesehen am 23.2.2015).
[190] CHEVALIER (Salona 2,2) 1995, 71f.
[191] Zur Auswertung des Grabungsbefunds siehe J. MARDEŠIĆ – P. CHEVALIER, Preliminarni izvještaj o hrvatsko-francuskim radovima u Saloni (2004). Episkopalni centar - Oratorij A. *VAHD* 98 (2005) 261-270.

belegen, dass in den Munizipien ebenfalls kleine liturgische Räume eingerichtet wurden. In weiterer Folge beginnen Landbesitzer Teile ihrer *villae rusticae* als Friedhofskirchen zu nutzen, wie u. a. in Trbounje/Čupići. Der spätere Ausbau mit Vor- und Nebenräumen steht als Indikator für die flächendeckende Ausbreitung des Christentums.

SAALKIRCHE Bauphase, Objekt	Innenmaße (m)	Form	Apsis Innenmaße (m)	Datierung	Funktion
ZADAR – PETERS- KIRCHE I,1	16,2 x 11,2	rechteckig	geradlinige Abschlussmauer mit halbrunder, freistehender Priesterbank (5 x 3)	Mitte 4. Jh.	Gemeinde- kirche
NIN I,1	16,2 x 4,0 *(ohne Narthex)*	lang- rechteckig	halbrund (2,2 tief)	Umbau 4./5. Jh.	ungeklärt: Baptis- terium / Memoria
TRBOUNJE / ČUPIĆI I,1	12,8 x 3,3	lang- rechteckig	halbrund (2,3 x 2)	Anfang 5. Jh.	Friedhofs- kirche

Entlang der östlichen Adria, wie z. B. in Ston, Osinj, Sladinac (Ploče), Poljud (Split) und auf den Inseln Šipan, Sutvara, Lučnjak, Gubavac, Lastovo, Brač, Pag, Lošinj und Cres befinden sich Vertreter des einfachen Saalkirchentypus (Abb. 83).[192] Im Mittelalter hat der Saalraum nicht nur für Kleinkirchen starke Verbreitung gefunden, was einerseits eine Rückbesinnung zum Schlichten, zur Reinheit und Ursprünglichkeit des Glaubens widerspiegeln könnte und andererseits für einen Mangel an architektonischen Fähigkeiten der Baumeister abseits der großen Zentren sprechen würde.[193]

---

[192] Vgl. N. CAMBI, Neki problemi starokršćanske arheologije na istočnoj jadranskoj obali. In: Š. BATOVIĆ (Hg.), *Arheološki problemi na jugoslavenskoj obali Jadrana. IX. kongres arheologa Jugoslavije (Materijali 12)*. Zadar 1972, 280.
[193] Siehe E. LEHMANN, Saalraum und Basilika im frühen Mittelalter. In: *Formositas Romanica. Beiträge zur Erforschung der romanischen Kunst. FS Joseph Gantner*. Frauenfeld 1958, 129-150.

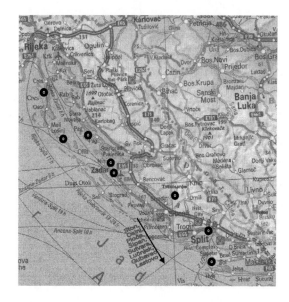

Abb. 83:
Lageplan,
Saalkirchen
entlang der
östlichen Adria
nach Dunlop
Roadmap Europe

5.1.1.1. SAALKIRCHENKOMPLEX MIT APSIS

Da keine einheitliche Definition für diesen Bautyp existiert, soll die Bezeichnung Saalkirchenkomplex ver-
deutlichen, dass dem Langhaus weitere, relativ regelmäßig angeordnete
Seitenräume hinzugefügt oder der
Saal mit Korridoren umgeben wurde, sodass die Außenwirkung einer
Basilika entstand (Abb. 84).[194] Indem in den Längswänden und der

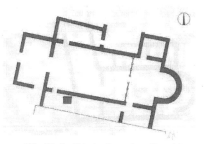

Abb. 84: Saalkirchenkomplex, Grundriss,
Grohote/Šolta (MIGOTTI [1992] 112 Abb. 1)

Apsis Fensterbögen eingesetzt wurden, konnte durch die Belichtung auch
im Inneren eine zentralisierende Raumwirkung erzeugt werden.

---

[194] Vgl. N. CAMBI 1972, 247; B. MIGOTTI, Zusatz zur Datierung der außerstädtischen frühchristlichen Architektur des breiteren salonitanischen Bereiches. *Arh. Vest.* 43 (1992) 115.

Schon 1916 hatte Rudolf EGGER darauf hingewiesen, dass sich dieser Kirchentypus relativ früh etabliert hatte, besonders im Alpen-Adria-Raum.[195] Ausgrabungen der letzten Jahrzehnte in den slowenischen Höhensiedlungen auf der Ajdna (Potoki), Rifnik (Šentjur), Kučar (Podzemelj), Korinjski hrib (Veliki Korinj) und dem Ajdovski gradec (Vranje) haben gezeigt, dass ein Großteil der dortigen Kirchen aus einem Saalbau mit angebautem Nebenraum, Baptisterium und Narthex bestand.[196] Ähnliche Befunde kamen in Osttirol und Kärnten zu Tage, wie z. B. in Laubendorf, am Hemmaberg, Grazer-, Kathreiner- und Tscheltschnigkogel, in Lienz (*Aguntum*) und Lavant.[197] Entlang der dalmatinischen Adriaküste ist der erweiterte Saalkirchenbau mit rechteckigem Kirchenschiff und Apsis in Nin, Galovac/Crkvina, Otok und Grohote auf der Insel Šolta, Neviđane auf Pašman, Grušine bei Šibenik und Lepuri, sowie in Istrien die Luciakirche bei Galižana, die Elisaeuskirche bei Fažana, die Nikolaus- und Maria Himmelfahrtskirche in Pola

---

[195] R. EGGER, *Frühchristliche Kirchenbauten im südlichen Norikum. (SoSchrÖAI 9)*. Wien 1916, 122.
[196] Siehe dazu F. LEBEN, Ajdna. *Arh. Vest.* 29 (1978) 532-543; L. BOLTA, *Rifnik pri Šentjurju. Poznoantična naselbina in grobišče* (*Katalogi in monografije* 19). Ljubljana 1981; J. DULAR – S. CIGLENEČKI – A. DULAR, *Kučar. Železnodobno naselje in zgodnjekrščanski stavbni kompleks na Kučarju pri Podzemlju* (*OIAS* 1). Ljubljana 1995; S. CIGLENEČKI, Potek alternativne ceste Siscija - Akvileja na prostoru zahodne Dolenjske in Notranjske v času 4. do 6. Stoletja. Preliminarno poročilo o raziskovanjih Korinjskega hriba in rekognosciranjih zahodne Dolenjske. *Arh. Vest.* 36 (1985) 255-276; P. PETRU, *Vranje pri Sevnici. Starokrščanske cerkve na Ajdovskem gradcu* (*Katalogi in monografije* 12). Ljubljana 1975; Literatur allgemein: S. CIGLENEČKI, *Höhenbefestigungen aus der Zeit vom 3. bis 6. Jh. im Ostalpenraum* (*IZA* 15). Ljubljana 1987; H. STEUER – V. BIERBRAUER, *Höhensiedlungen zwischen Antike und Mittelalter von den Ardennen bis zur Adria* (*RGA Erg.* 58). Berlin 2008.
[197] F. GLASER, Frühchristlicher Kirchenbau im Alpenraum, In: R. HARREITHER u. a., *Frühes Christentum zwischen Rom und Konstantinopel. Akten des XIV. CIAC Wien, 19.–26.9.1999* (*SAC* 62). Vatikan 2006, 131-143.; DERS., Die frühchristliche Kirchenbau in der nordöstlichen Region (Kärnten/Osttirol), In: H. R. SENNHAUSER (Hg.), *Frühe Kirchen im östlichen Alpengebiet. Von der Spätantike bis in ottonische Zeit 2.* (*AbhMünchen* 123). München 2003, 415 Abb. 2 (Grundrisse der frühchristlichen Kirchen Norikums).

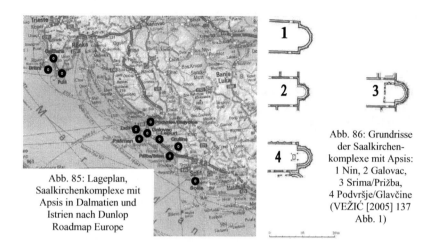

Abb. 85: Lageplan, Saalkirchenkomplexe mit Apsis in Dalmatien und Istrien nach Dunlop Roadmap Europe

Abb. 86: Grundrisse der Saalkirchenkomplexe mit Apsis: 1 Nin, 2 Galovac, 3 Srima/Prižba, 4 Podvršje/Glavčine (VEŽIĆ [2005] 137 Abb. 1)

und die Peterskirche auf Brioni belegt (Abb. 85).[198] Zu dieser Gruppe gehören auch jene Denkmäler in Prižba/Srima (I,1) und Podvršje/Glavčine (I,1), die Mitte des 6. Jhs. zu Kirchengruppen erweitert wurden (Abb. 86). Die Vielfalt und typologische Varianz frühchristlicher Saalkirchenkomplexe erschwert ihre zeitliche Einordnung.[199] Da die Apsis ein prägendes Element im frühchristlichen Kirchenbau darstellt, gibt ihre Gestaltung, eingebunden in eine analytische Auswertung des Interieurs, Aufschluss über die Bauzeit des Gebäudes.

---

[198] Siehe B. GABRIČEVIĆ, Arheološki nalazi iz Gale. *VAHD* 55 (1953) 181-198; F. OREB, Starokršćanska bazilika u Grohotama na Šolti. *Peristil* 24 (1983) 5-21; T. MARASOVIĆ, Starokršćanska bazilika na Stipanskoj kod Šolte. *VAHD* 63-64 (1969) 151-160; Z. GUNJAČA, O kontinuitetu naseljavanja na području Šibenika i najuže okolice. In: S. GRUBIŠIĆ (Hg.), *Šibenik - Spomen zbornik o 900. obljetnici.* Šibenik 1976, 43-45; N. JAKŠIĆ, Benkovac i okolica u srednjem vijeku. *Kulturno povijesni vodič (Split)* 15 (2000) 16-18. (Lepuri); I. PETRICIOLI, Srednjovje-kovni umjetnici na Pašman kroz vjekove i danas. In: *Znanstveni skup. Zadar* 2.-4.12.1981. Zadar 1987, 75-92; V. BEGOVIĆ DVORŽAK, Fortifikacioni sklop Kastrum – Petrovac na Brijunima. *HistriaAnt* 7 (2001) 177-190; T. ULBERT, Die religiöse Architektur im östlichen Illyricum, In: *Rapports présentés au X. CIAC Thessalonique, 28. 9.-4.10.1980 (Ellinika Suppl. 26).* Thessaloniki 1980, 19-30.
[199] Zur Datierungsproblematik der dalmatinischen Denkmäler siehe MIGOTTI 1992, 111-133; N. CAMBI, Staro-kršćanska crkvena arhitektura na području salonitanske metropolije. *Arh. Vest.* 29 (1978) 606-626; E. DYGGVE, Die altchristlichen Kultbauten an der Westküste der Balkanhalbinsel. In: *Atti del IV. CIAC 1.* Vatikan 1940, 391-414.

Abb. 87: Teile der Apsis mit
Kontraforen, Südbasilika,
Marusinac (Foto: Verf.)

Als Kirchenabschluss aus der römischen Profan- und Sepulkralarchitektur übernommen, stellt die halbrunde Apsis die ursprünglichste Form dar.[200] Fixer Bestandteil des Saalkirchenbaukonzeptes wurde sie ab dem 5. Jh.[201] Hufeisenförmige Apsiden bilden im Grundriss drei Viertel eines Kreises und waren in Kleinasien bereits im 4. Jh. ein gängiger Gebäudeabschluss.[202]

Zu Beginn des 5. Jhs. wurde diese Bauweise bei der Nordbasilika in Marusinac (Salona) angewandt.[203]

Abb. 88: Kirchenabschluss mit polygonaler Apsis und Kontraforen, Außenansicht, Nordkirche, Prižba/Srima (Foto: Verf.)

Die Anbringung massiver Vertikalstreben am polygonalen Außenring kann chronologisch etwas früher angesetzt werden als Lisenen. Da Mitte des 5. Jhs. Kontraforen bei der Südbasilika in Marusinac (Abb. 87) zum Einsatz kamen, lässt sich eine zeitnahe Übernahme dieser Strebetechnik im Hinter-

---

[200] C. HÖCKER, *DNP* http://referenceworks.brillonline.com/entries/der-neue-pauly/apsis-e12 9810 s. v. Apsis (zuletzt eingesehen am 25.2.2015).
[201] Vgl. CAMBI 1978, 617.
[202] Besonders beliebt war die hufeisenförmige Apsis in der Binbirkilisseregion, dem antiken Lykaonien. Vgl. C. DELVOYE, *RBK* 1 (1966) Sp. 247f. s. v. Apsis; R. KRAUTHEIMER, *Early Christian and Byzantine Architecture.* Harmondsworth 1975, 172.
[203] E. DYGGVE, *Der altchristliche Friedhof Marusinac (FS* 3). Wien 1939, Abb. 23.

Abb. 89:
Saalkirche mit
Apsis und Lise-
nen, Außenan-
sicht, Galovac/
Crkvina (Foto:
Verf.)

land annehmen.[204] Belegt durch stilistische Merkmale an Cancellifragmente ist das Denkmal in Prižba/Srima mit Kontraforen (Abb. 88) der 2. Hälfte des 5. Jhs. zuzuordnen und die Gemeindekirchen mit Lisenen in Galovac/Crkvina (Abb. 89) und Nin dem beginnenden 6. Jh.

SAALKIRCHEN-KOMPLEX MIT APSIS Bauphase, Objekt	Innenmaße (m)	Apsis Innenmaße (m)	Annex	Datierung	Funktion
PODVRŠJE - GLAVČINE I,1	13,3 x 6,7 (ohne Annex)	halbrund (4,3 x 3,3)	Baptisterium u. Diakonikon	2. H. 5. Jh.	Gemeindekirche
PRIŽBA - SRIMA I,1	13,5 x 6,8 (ohne Narthex u. Nebenräume)	innen: hufeisenförmig außen: polygonal (4,15 x 3,3) mit massiven Kontraforen	Priesterräume, Baptisterium mit Vorraum und Multifunktionsraum	2. H. 5. Jh.	Gemeindekirche
NIN II,2	22,5 x 10 (ohne Annex)	hufeisenförmig (5,2 tief) mit Lisenen	Priesterräume u. Baptisterium	A. 6. Jh.	Friedhofskirche
GALOVAC - CRKVINA	17,5 x 4,5 (ohne Narthex u. Nebenräume)	innen: halbrund außen: polygonal (4 x 3) mit Lisenen	Priesterräume u. Baptisterium	A. 6. Jh.	Gemeindekirche

[204] CHEVALIER 1995, 75; MIGOTTI 1992, 117f.

5.1.1.2. SAALKIRCHENKOMPLEX MIT TRIKONCHEN

Dieser Bautypus ist eine Abwandlung der Kreuzbasilika, bei der das Langhaus durch ein im rechten Winkel angesetztes Transept erweitert wurde. Bereits Anfang des 4. Jhs. wurde der fünfschiffigen Basilika San Giovanni in Laterano (Rom) ein Querschiff beigefügt.[205] Mit der Errichtung der Apostelkirche[206], der Grabkirche Konstantins I., in Konstantinopel wurde die Bauform zum Kanon und reichsweit reproduziert.

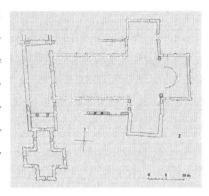

Abb. 90: Santa Croce, Grundriss, Ravenna
(CHEVALIER Salona 2,2 [1996] 90 Abb. 3)

Zu den ältesten Kirchen mit kreuzförmigem Grundriss im norditalischen Raum gehören Sant' Ambrogio in Mailand, Santa Croce in Ravenna (Abb. 90) und die Basilica del fondo Tullio alla Beligna (Aquileia).[207]

---

[205] Siehe P. C. CLAUSSEN, Lateransbasilika (San Giovanni in Laterano) bis zum Ende des Mittelalters. In: C. STRUNCK (Hg.), Rom. Meisterwerke der Baukunst von der Antike bis heute. FS für E. Kieven. Petersberg 2007, 110-116; O. BRANDT, Constantine, the Lateran, and early church building policy. ActaAArtHist 15 (2001) 109-114.

[206] Der Bau hat sich nicht erhalten, jedoch wurde er bildlich überliefert. Ein folium im Menologion Basileios II. zeigt die Reliquientranslation des Johannes Chrysostomos in die Apostelkirche. In der Darstellung sind Überwölbungen der Kreuzarme und Vierung ersichtlich, die in der Ära Iustinians hinzukamen (Prok. aed 1,4); Ebenso ist der Markusdom in Venedig (11. Jhs.) ein Reflex iustinianischer Kreuzkuppelkirchen. Vgl. M. ALTRIPP, Die Basilika in Byzanz: Gestalt, Ausstattung und Funktion sowie das Verhältnis zur Kreuzkuppelkirche (Millenium 42). Berlin – Boston 2013; R. KRAUTHEIMER, Zu Konstantins Apostelkirche in Konstantinopel, In: A. STUIBER – A. HERMANN (Hg.), Mullus. FS für T. Klauser (JbAC Erg.-Bd. 1). Münster 1964, 224-229.

[207] Vgl. G. C. WATAGHIN, Le Basiliche di Monastero e di Beligna: Forme e funzioni. Aquileia dalle origini alla costituzione del ducato longobardo. L'arte ad Aquileia dal sec. 4 al 9. AA 62 (2006) 309-327; D. MASSIMILIANO u. a. (Hg.), La Basilica di Santa Croce. Nuovi contributi per Ravenna tardoantica (Biblioteca di Felix Ravenna 15). Ravenna 2013; B. AGOSTI, Alcuni Ambrosii a Milano alla fine del IV sec. e la Basilica Apostolorum. RAComo 173 (1991) 5-35;

Ab der zweiten Hälfte des 5. Jhs. kommt der Bautyp in Dalmatien auf,[208] wie u. a. in *Fulfinium* (bei Omišalj)[209] auf der Insel Krk. Westlich des römischen Forums in der Sepenbucht stehen die Mauern (Mirine) der frühchristlichen Kreuzkirche noch bis

Abb. 91: Kreuzkirche, Luftbildaufnahme, Mirine, Sepenbucht/Krk (Foto: D. KRIZMANIĆ)

zum Dachansatz aufrecht (Abb. 91). Die Abmessungen der *crux immissa* betragen 29 x 23,50 m, die Flächen der Seitenarme 5,5 x 5,5 m. Des Weiteren verfügt die Anlage über einen Exonarthex und ein Atrium im Süden. Den Abschluss des Langhauses bildet eine freistehende Priesterbank, vor der sich eine *confessio in situ* befindet.

Der architektonische Stil, den östlichen Kirchenabschluss und die beiden Querhausarme mit Konchen zu bilden, ist ebenfalls auf ein Bauprojekt Konstantins zurückzuführen, der Anastasis in Jerusalem.[210] Er findet Berücksichtigung beim Plan der Basilica Nova des Paulinus in Cimitile/Nola

---

G. BOVINI, La Basilica Apostolorum e la Basilica Martyrum di Milano. In: E. ARSLAN u. a., *CARB* 8. *Ravenna* 12.–24.3.1961. Ravenna 1961, 97-118.

[208] Zur Auflistung aller relevanten Monumente entlang der Adriaküste, unter Einbeziehung jener mit Trikonchen, siehe S. PIUSSI, Le basiliche cruciformi nell'area adriatica. Aquileia e Ravenna. *AA* 13 (1977) 476-480; T. LEHMANN, Zur Genese der Trikonchosbasiliken. In: *Innovation in der Spätantike. Kolloquium Basel 6.–7.5.1994 (Spätantike – Frühes Christentum – Byzanz. Kunst im ersten Jahrhundert. Reihe B. Studien und Perspektiven* 1). Wiesbaden 1996, 317-362.

[209] Siehe dazu im Detail N. NOVAK – A. BROŽIĆ, Starokršćanski kompleks na Mirinama u uvali Sapan kraj Omišlja na otoku Krku Starohrvatska Prosvjeta. *ShP* 3 21 (1991) 29-54; N. NOVAK, Le choeur de l'église paléochrétienne de Mirine près d'Omišalj sur l'île de Krk. *HAM* 5 (1999) 119-131.

[210] Eine gewisse Verwandtschaft zur Coemeterialbasilika, deren Seitenschiffe als gerundeter Umgang um Chor und Apsis den Kirchenabschluss bildeten, ist jedoch ebenso zu bemerken. Dieses Gebäude (SS. Marcellino e Pietro, S. Sebastiano, S. Agnese) wurden über Martyrergräbern errichtet, was zu einer Vielzahl an *ad sanctos*-Grablegungen führte.

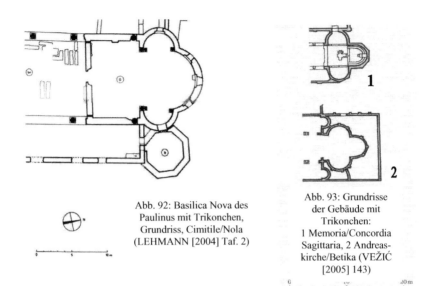

Abb. 92: Basilica Nova des
Paulinus mit Trikonchen,
Grundriss, Cimitile/Nola
(LEHMANN [2004] Taf. 2)

Abb. 93: Grundrisse
der Gebäude mit
Trikonchen:
1 Memoria/Concordia
Sagittaria, 2 Andreas-
kirche/Betika (VEŽIĆ
[2005] 143)

um 403 n. Chr (Abb. 92). Dies ist die früheste Anlage mit direkt an die große Apsis angebauten Nischen des Querschiffes.[211] Der Grundriss des Zentralbaus bekam dadurch die Form eines dreiblättrigen Kleeblattes. Die meist rechteckige Vierung wurde überkuppelt und mit dem Satteldach des Langhauses verbunden.

Die östlich angebaute Nischenkonstruktion der Andreaskirche in Betika bei Pola (Istrien) kann ebenso als Dreikonchenlangbau bezeichnet werden, da die polygonale Apsis eine eindeutige architektonische Verbindung zum Kirchenschiff aufweist (Abb. 93).[212] Ende des 6. Jhs. verfügte Euphrasius, die episkopale Basilika in Poreč um einen Trikonchenbau zu erweitern, der für die Reliquienaufbewahrung des ersten Bischofs von *Parentium* be-

---

[211] T. LEHMANN, *Paulinus Nolanus und die Basilica in Cimitile/Nola. Studien zu einem zentralen Denkmal der spätantik-frühchristlichen Architektur.* Wiesbaden 2004.
[212] B. MARUŠIĆ – J. ŠAŠEL, De la cella trichora au complexe monastique de Saint-André à Betika entre Pula et Rovinj. *Arh. Vest.* 37 (1986) 307-342.

stimmt war.[213] In dieser Reihe ist auch die Memoria von Concordia Sagittaria bei Aquileia (Abb. 93) mit drei kleeblattförmig angebrachten, polygonalen Apsiden zu nennen, die an eine bereits bestehende dreischiffige Basilika an der Wende zum 5. Jh. hinzugefügt wurde.[214] Des Weiteren belegen die Bischofskirche von *Teurnia* (St. Peter in Holz) des 6. Jhs. und die Saalkirche in *Celeia* (Celje), die einen ähnlichen Trikoncheneinbau aufweisen, den regen Wissenstransfer im Alpen-Adria-Raum.[215]

Zwei Denkmäler im memorialen Kontext einer spätantiken Siedlung befinden sich in Gata und Cista Velika/Crkvine[216] bei Salona. Der Anbau notwendig gewordener Nebenräume führte im Zuge eines Umbaus zur Ummantelung der inneren Struktur der *cella trichora* (Abb. 94).[217] Dieser zentrale Typus mit Doppelschale ist für Dalmatien ungewöhnlich, steht je-

Abb. 94: Reste der Südkonche und Außenmauer, Saalkirchenkomplex mit Trikonchen, Gata (Foto: Verf.)

[213] Vgl. P. VEŽIĆ, Dalmatinski trikonhosi, *Ars adriatica* 1 (2011) 31; G. Bovini, Il complesso delle basiliche paleocristiane di Parenzo. In: *Corso di cultura sull'arte ravennate e bizantina 7*, *Ravenna* 27.3-8.4.1960. Ravenna 1960, 13-39, besonders 27; P. BOVINI, *Concordia paleochristiana*. Venedig 1973, 59-70.

[214] Die Funktion des Gebäudes ist eindeutig durch eine kreuzförmige *confessio* im Zentrum des Sanktuariums angegeben. Siehe M. ROBERTI, La basilica paleocristiana di Concordia. *AA* 31 (1987) 93-106.

[215] Siehe dazu R. PILLINGER, Neue Ausgrabungen und Befunde frühchristlicher Denkmäler in Österreich (1974-1986). In: N. DUVAL, *Actes du XI. CIAC Lyon, Vienne, Grenoble, Genève et Aoste* 21.–28.9.1986 (*CEFR* 123). Rom 1989, 2108-2116; F. GLASER, Frühchristlicher Kirchenbau im Alpenraum. In: HARREITHER u. a. 2006, 142.

[216] Die Saalkirche mit Trikonchen (15 x 8,5 m) wurde über einem römischen Profanbau des 1. Jhs. v. Chr. errichtet. Die Anlage verfügte über freistehende Nebengebäude. Der zylinderförmige Annex im Süden stellt ein Baptisterium mit einer oktogonalen Piszine dar. Vgl. D. MARŠIĆ – L. GUDELJ – M. LOZO, Ckrvine, Cista Velika. Izvješće o arheološkim istarživanjima 1992.-1999. godine. *ShP* 27 (2000) 115-127.

[217] Ein Trikonchus stellt eine architektonische Struktur dar, die „an drei Seiten einer zentralen Vierung je eine halbrunde Nische angeschlossen hat." Vgl. F. W. DEICHMANN, *RAC* 2 (1954) Sp. 944-954 s. v. Cella trichora.

doch in byzantinischer Bautradition des 6. Jhs.

Besonders durch die Champlevé-Reliefs[218] der frühchristlichen Basilika in Gata zeigt sich der nordafrikanisch/orientalische Einfluss. Nach dem Sieg

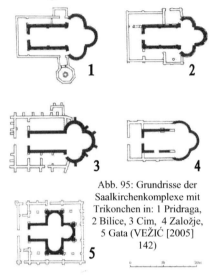

Belisars und seiner Truppen gegen die Vandalen, respektive der Rückeroberung Nordafrikas 534, verbreitete sich die kultische Heiligenverehrung Cyprianus von Karthago in Dalmatien. In der Krypta unter dem Altar in Gata wurden die Reliquien des Bischofs verwahrt.[219] Perser- und Vandalenkriege erbrachten somit nicht nur die renovatio Imperii, sondern die Übernahme und Verbreitung

Abb. 95: Grundrisse der Saalkirchenkomplexe mit Trikonchen in: 1 Pridraga, 2 Bilice, 3 Cim, 4 Založje, 5 Gata (VEŽIĆ [2005] 142)

kultureller Traditionen aus Ost und West in weiten Teilen des byzantinischen Reiches.[220]

Wohl um die göttliche Trinität architektonisch hervorzuheben, wurden besonders im Oströmischen Reich die Nischenformate einander angeglichen und verdeutlichten dadurch, dass die orthodoxe christliche Religion als

---

[218] J. DRESKEN-WEILAND, Zur Ikonographie und Datierung der Champlevé-Reliefs. In: Akten des XII. CIAC Bonn, 22.–28.9.1991. Münster 1995, 719-726.

[219] Vgl. J. JELIČIĆ, Gata – Crkva Justinijanova doba. Split 1994, 15-70, besonders 44, 63.

[220] Die Memoria des Pilgerheiligtums Damous el Karita war bereits Anfang des 5. Jhs. mit einem kleeblattförmigen Trikonchus ausgestattet worden. Vgl. H. DOLENZ, Two annex buildings to the basilica Damous-el-Ka-rita in Carthage. A summary of the excavations in 1996 and 1997. AntAf. 36 (2000) 147-159; N. DUVAL, Les martyria triconques et tétraconques en Afrique. MEFRA 88 (1976) 897-924.

Rechtsgrundlage des Reiches zu verstehen sei.[221] Saalkirchen mit kleeblattförmigen Trikonchen, die der Ära Iustinian I. zuzuordnen sind (Abb.
95), befinden sich in Pridraga, Bilice und Sutivan auf der Insel Brač (Dalmatien) sowie in Cim (bei Mostar) und Založje (Territorium Bihać) in Bos-
nien Herzegowina (Abb. 96).[222] Wie sich am Trikonchus des heiligen Nikolaus bei Nin des 12. Jhs. darstellt, der Weiterführung dieser Tradition, lässt sich dieser Bautypus im
Mittelalter eindeutig als Memorialkirche belegen.[223]

Abb. 96: Lageplan,
Saalkirchenkomplexe mit
Trikonchen in Dalmatien
nach Dunlop Roadmap
Europe

SAALKIRCHEN KOMPLEX MIT TRIKONCHEN	Gebäude Maße (m)	Innenmaße (m)	Annex	Datierung	Funktion
PRIDRAGA	21,5 x 13,5	Kirche: 13,5 x 7 Konchen: 5 x 3	Bapti-sterium	2. H. 6. Jh.	Gemeinde kirche
BILICE / DEDIĆA PUNTA*	20 x 12	Kirche: 12 x 5,5 Konchen: 3 x 2,5	Baptiste rium? u. Seiten-räume	2. H. 6. Jh.	Gemeinde kirche

* Altgrabung (1908-1909) – teilweise zerstört (Erdkonservierung)

---

[221] Kaiser Iustinian konzentrierte sich bei der Aufrechterhaltung der Reichseinheit vornehmlich
auf drei Ebenen: Militär, Religion und Recht. Vgl. Cod. Iust. 1, 27, 1 und 17; I. STOLL-
MAYER, *Spätantike Trikonchoskirchen – ein Baukonzept?* (*JbAC* 42) Münster 1999, 117-157;
A. GATTIGLIA, Architettura simbolica di età giustinianea nei Balcani: la tricora. In: *Acta XIII.
CIAC Split-Poreč*, 25.9.–1.10. 1994 (*VAHD* 87/89,2). Split 1998, 189-206.
[222] Vgl. VEŽIĆ 2005, 140-143; D. DOMANČIĆ, Sutivan. In: J. BELAMARIĆ (Hg.), *Ranokršćanski spomenici otoka Brača* (*XIII. CIAC*). Split 1994, 64-66; Đ. BASLER, *Spätantike und
frühchristliche Architektur in Bosnien und der Herzegowina* (*Bant* 19). Wien 1993, 46-48, 77-
79.
[223] P. VEŽIĆ, O centralnim građevinama Zadra i Dalmacije u ranom srednjem vijeku. *Diadora*
13 (1994) 323-375.

5.1.2. DREISCHIFFIGE BASILIKA MIT EINGEZOGENER APSIS

In der Ära Konstantin I. bildete sich als vorherrschender Typus ein drei-
oder fünfschiffiger Langhausbau mit Apsis heraus,
der über einen Narthex bzw. ein vorgelagertes
Atrium zu betreten war. Das Mittelschiff hatte einen durchfensterten Obergaden, auf den eine hölzerne Flachdecke oder ein offener Dachstuhl gesetzt wurde.[224]

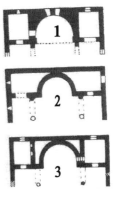

Eine Abwandlung des republikanischen Bautyps,[225]
bei dem die Basilika mit einem eingeschriebenen
Tribunal ausgestattet wurde, kam Mitte des 4. Jhs.
in Nordsyrien auf. Die Säulenbasilika (20 x 15 m)
von Mushabbak, 25 km westlich von Aleppo, stellt
eine der frühesten dreischiffigen Kirchen mit eingezogener Apsis dar.[226] Ebenso in Djeradeh und

Abb. 97: Grundrisse der dreischiffigen Basiliken mit eingezogener Apsis in Syrien: 1 Mushabbak, 2 Djeradeh,   3 Ruweha (DELVOYE [1966] 251f.)

der ersten Basilika von Ruweha wird die halbrunde Apsis von zwei recht-
winkeligen Nebenräumen flankiert, welche die gleiche Raumtiefe haben
und bleibt von außen hinter der geradlinig verlaufenden Ostwand ver-
borgen (Abb. 97). Die Apsis schloss direkt an die Rückwand an, sodass die
Innenseiten der Nebenräume gebogen waren oder es wurde eine Mauer

---

[224] Zur Definition siehe E. LANGLOTZ – F. W. DEICHMANN, *RAC* 1 (1950) Sp. 1225-1259
s. v. Basilika.
[225] T. HÖLSCHER, *Klassische Archäologie. Grundwissen.* Darmstadt 2002, 149f.
[226] C. DELVOYE, *RBK* (1966) Sp. 251-254 s. v. Apsis

vorgeblendet.[227] Auch in Nordafrika ist zumeist an den Bauten zu bemerken, dass der Baukörper allseitig gerade abgeschlossen erscheint.[228]

An der Wende zum 5. Jh. breitete sich der „syrische Typus" an der östlichen Adria aus.[229] Die ältesten erhaltenen Monumente, die diese Bauweise aufweisen, sind die Basilika an der Piazza Vittoria (22,9 x 10,3 m) und Santa Maria delle Grazie (16,8 x 11,5 m) in Grado.[230] Im frühen 5. Jh. lässt sich ein Reflex dieser Bauform

Abb. 98: Apsis mit angrenzenden Pastophorien, Friedhofsbasilika, Kapljuč (Foto: Verf.)

auch in Salona ausmachen. Die Friedhofsbasilika in Kapljuč wurde um Pastophorien erweitert, die zu zwei Drittel die Apsis nach außen verdecken (Abb. 98).[231] Zirka 6 km östlich befindet sich ein weiteres Exemplar. Bei der Basilika von Stobreč bilden Apsis und Nebenräume einen geradlinigen

---

[227] Siehe W. ZAKKOUR, La chiesa di Mushabbak nell'area del Massiccio Calcareo (Siria settentrionale). *Temporis signa* 2 (2007) 331-343; H. C. BUTLER, *Early churches in Syria: Fourth to seventh centuries.* Amsterdam 1969, 25f.; J. LASSUS, Sanctuaires chrétiens de Syrie. Essai sur la genèse, la forme et l'usage liturgique des édifices du culte chrétien, en Syrie, du IIIe siècle à la conquête musulmane. *BAH* 42 (1947) 56-66; H. BEYER, *Der syrische Kirchenbau* (*Studien zur spätantiken Kunstgeschichte* 1) Berlin – Leipzig 1925.

[228] Ein prominentes Beispiel ist das Pilgerheiligtum in Theveste (Tebessa). Vgl. J. CHRISTERN, Il complesso cristiano di Tebessa. Architettura e decorazione. In: P. ANGIOLINI MARTINELLI u. a., *CARB* 17. *Ravenna* 8.–21.3. 1970. Ravenna 1970, 103-117; Zur Architektur vgl. J. LASSUS, Questions sur l'architecture chrétienne de l'Afrique du Nord. *SAC* 30 (1970) 107-125; P. ROMANELLI, Nuove ricerche e studi sull' architettura basilicale cristiana nell' Africa settentrionale. *RPAA* 45 (1972-1973) 205-221.

[229] Abgewandelte Formen haben sich ebenso in Milet, Gerasa, Thessaloniki und auf Lesbos erhalten. Zu den Bauwerken in Dalmatien siehe VEŽIĆ 2005, 148-150.; CHEVALIER (Salona 2,1) 1995, 77-79.

[230] Vgl. M. CORTELLETTI, Santa Maria delle Grazie di Grado. Aquileia dalle origini alla costituzione del ducato longobardo. L'arte ad Aquileia dal sec. 4 al 9. *AA* 62 (2006) 335-364; L. BERTACCHI, Le nuove piante archeologiche di Aquileia, Grado e Concordia. *AquilNost* 51 (1980) 245-248.

[231] E. DYGGVE, Izabrani spisi. Ausgewählte Schriften. Split 1998, 77.

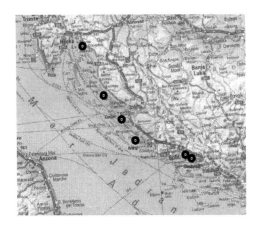

Abb. 99: Lageplan, Dreischiffige
Basiliken mit eingezogener Apsis in
Istrien und Dalmatien nach Dunlop
Roadmap Europe

Abschluss.[232] Ebenso auf den Inseln Pag und Krk, die im 5. Jh. der Diözese

Iader unterstanden, befinden sich Kirchen mit eingezogener Apsis.[233] Wie

sich in den 1990er Jahren bei den Untersuchungen der Johannesbasilika

beim antiken Hafen von *Iader* herausgestellt hat, weist die ursprüngliche

Baustruktur des 5. Jhs. einen syrischen Gebäudeabschluss auf (Abb. 99).[234]

Es gab auch die Variante, dass ein Freiraum zwischen der eingezogenen

Apsis und der Rückwand gelassen wurde, wie es in Ivinj der Fall war

[232] N. CAMBI, Starokršćanska crkvena arhitektura na području salonitanske metropolije. *Arh. Vest.* 29 (1978) 607-609.

[233] Die Basilika mit geradlinigem Abschluss in Novalja (Pag) befindet sich bei der Nekropole Gaj. Vgl. A. ŠONJE, Altchristliche Basiliken in Novalja auf der Insel Pag (Jugoslawien). In: *Akten des VII. CIAC Trier,* 5.– 11.9.1965. Vatikan – Trier 1967, 697-700; Zwischen Jurandvor und Baška in Mirine wurden die Überreste der Nikolauskirche aufgedeckt. Die Stifterinschrift *[SAPRILLA / APSIDAC / VMSECR / ETARIAF(E)C(IT)]* auf dem Mosaik im südlichen Apsisnebenraum bestätigt, dass das langrechteckige Gebäude erst in einer späteren Bauphase mit Apsis und Pastophorien ausgestattet wurde. Siehe dazu R. STARAC, Sulla scoperta di un'altra chiesa paleocristiana nell'Isola di Krk (Veglia). *HAM 2* (1996) 137-141; Vergleichbar ist die frühchristliche Kirche mit Baptisterium in Povlja auf der Insel Brač im Zuständigkeitsbereich der salonitanischen Diözese. Vgl. J. JELIČIĆ-RADONIĆ, Povlja. In: BELAMARIĆ (Brač) 1994, 17-27.

[234] Siehe dazu P. VEŽIĆ, Crkva Sv. Ivana ispred Grada u Zadru. *Diadora* 18-19 (1996-1997) 275-300.

(Abb. 100).[235]

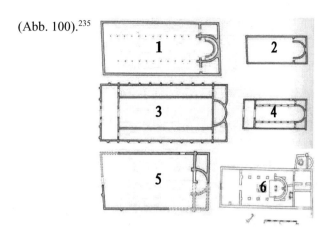

Abb. 100: Grundrisse der dreischiffigen
Basiliken mit eingezogener Apsis in
Dalmatien und Istrien: 1 Zadar,
2 Novalja/Pag, 3 Kapljuč, 4 Stobreč,
5 Mirine/Krk, 6 Ivinj (VEŽIĆ [2005] 149)

DREISCHIFFIGE BASILIKA MIT EINGEZOGENER APSIS	Gebäude Maße (m)	Apsis Innenmaße (m)	Annex	Funktion
IVINJ Mitte 5. Jh.	26,3 x 10,6 (ohne Baptisterium)	halbrunde, eingeschriebene Apsis (5 x 4)	Baptisterium und Vorräume	Gemeindekirche

---

[235] Die Weiterentwicklung des Bautyps an der Wende zum 6. Jh. verzichtete auf eine runde Apsis und beließ das Sanktuarium viereckig. Vor allem in Syrien und Nordafrika bevorzugt, hat sich aber auch ein Exemplar in Istrien erhalten: die Marienkirche auf Brioni. Siehe dazu V. BEGOVIĆ DVORŽAK – I. DVORŽAK SCHRUNK – I. TUTEK, Crkva Sv. Marije, građena uz castellum u uvali Madona, Brijuni, Kasnoantičko i bizantsko razdoblje. PrilInst Arheol-Zagrebu 24 (2007) 229-240; N. DUVAL, L'architecture chrétienne de l'Afrique du Nord dans ses rapports avec le Nord de l'Adriatique. Aquileia e l'Africa. In: Atti della Settimana di studi aquileiesi 4. Udine 1974, 353-368.

5.1.3. KIRCHENGRUPPE (KOMPLEXBASILIKA / SOG. DOPPELKIRCHE)

Da es kontroverse Auslegungen darüber gibt, was als Doppelkirche und Komplexbasilika zu bezeichnen sei,[236] wird der von Hans Rudolf SENN-HAUSER vorgeschlagene Oberbegriff Kirchengruppe übernommen.[237] Diese neutrale Formulierung definiert Parallelbauten, die entweder direkt aneinander gefügt wurden oder einen Zwischenbau bzw. eine schmale Freifläche aufweisen. Größe und Form der Langhäuser mit Annexen, die zu einem Ensemble zusammengeschlossen wurden, sind variabel. Als sog. Doppelkirchen/-basiliken sind zwei nebeneinander gesetzte, nahezu identische Kirchenbauten zu bezeichnen.

Abb. 101: Sog. Doppelkirche, Außenansicht von Osten, Rekonstruktion, Srima/Prižba (UGLEŠIĆ [2006] 30 Abb. 19)

Der Anbau von Baptisterien und weiteren asymmetrisch angeordneten Nebengebäuden sowie Zwischenbauten, kann dabei außer Betracht gelassen werden (Abb. 101).[238] Mit der Umgestaltung und Erweiterung episkopaler Zentren in Norditalien, Dalmatien, Griechenland, Kleinasien und

---

[236] Siehe dazu C. DELVOYE, *RBK* 1 (1966) Sp. 549 s. v. Basilika; K. WESSEL, *RBK* 1 (1966) Sp. 1214 s. v. Doppelkirche; Auch der Oberbegriff Kirchenfamilie von Edgar LEHMANN, der oft in der Literatur zu finden ist, hat seine hierarchisierenden Tücken. Vgl. E. LEHMANN, Die entwicklungsgeschichtliche Stellung der karolingischen Klosterkirche zwischen Kirchenfamilie und Kathedrale. *WZ Jena* (1952/53) 131-144.

[237] H. R. SENNHAUSER, Typen, Formen und Tendenzen im frühen Kirchenbau des östlichen Alpengebiets: Versuch einer Übersicht. In: DERS. 2003, 930f.

[238] Vgl. P. CHEVALIER, Les Églises Doubles de Dalmatie et de Bosnie-Herzégovine. *AnTard* 4 (1996) 149-159; N. CAMBI, Srima i dvojne bazilike u Dalmaciji. In: GUNJAČA u. a. 2005, 71-122.

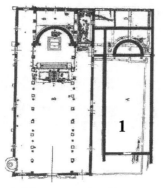

Abb. 102: Grundrisse:
1 Theodorianische
Bischofskirche/Aquileia,
2 Episkopaler Komplex/
Pola (LEHMANN [2006]
62, CUSCITO [2008] 73)

Nordafrika entstanden die ersten Kirchengruppen.[239]

Die Genese dieser Bautradition im Alpen-Adria-Raum lässt sich an der theodorianischen Bischofskirche in Aquileia festmachen. Der Komplex bestand aus zwei Saalkirchen zu je 20 x 37 m mit geradlinigem Abschluss, die durch ein Quergebäude (30 x 15 m) im vorderen Teil der Anlage verbunden waren (Abb. 102). Im 5. Jh. wurden die beiden Längsbauten nach Osten erweitert, ein Narthex, Atrium und Baptisterium vorgelagert, jedoch bereits bei der Eroberung Aquileias durch die Hunnen wieder zerstört.[240] Die sog. Doppelkirche prägte die Architektur der Diözese. Nach ihrem Vorbild wurden das Bischofszentrum in Pola (Abb. 102) sowie die sog. Doppelkirche in *Emona* (Ljubljana) und die Kirchengruppen[241] in *Celeia*

---

[239] Zur Auflistung der Komplexbauten siehe DELVOYE 1966, 548f. und WESSEL 1966, 1214f.; Zu den sog. Doppelkirchen in Norditalien siehe G. C. WATAGHIN, Le basiliche doppie paleocristiane nell'Italia settentrionale. La documentazione archeologica. *AnTard* 4 (1996) 115-123.

[240] L. VILLA, Edifici di culto in Friuli tra l'età paleocristiana e l'altomedioevo. In: SENN-HAUSER 2003, 502-511; G. MENIS, Il complesso episcopale teodoriano di Aquileia e il suo battistero. *AttiUdine* 1 (1986) 41-122; P. TESTINI, Basilica, domus ecclesiae e aule teodoriane di Aquileia. Aquileia nel IV secolo. *AA* 22 (1982) 369-398; L. BERTACCHI, La basilica post-teodoriana di Aquileia. *AquilNost* 43 (1972) 61-88.

[241] R. BRATOŽ, Doppelkirchen auf dem östlichen Einflussgebiet der aquileianischen Kirche und die Frage des Einflusses Aquileias. *AnTard* 4 (1996) 133-141; B. MARUŠIĆ, *Das spätantike und byzantinische Pula* (Kulturhistorische Denkmäler in Istrien 6). Pula 1967; L. PLESNIČAR-GEC, *Starokrščanski center v Emoni. Historiat najdišča* (*Katalogi in monografije* 21). Ljubljana 1983, 9-54; F. Lazzarini, La basilica doppia di Nesazio. Diffusione del tipo lungo le rotte dell'Adriatico Orientale. In: HARREITHER u. a. 2006, 905-910.

Abb. 104: Tripelkirche, Tonovcov Grad
bei Kobarid (Foto S. CIGLENEČKI)

Abb. 103: Kirchengruppe, Luftbildaufnahme, *Nes-actium*/Vižače, (MIHOVILIĆ – MATIJAŠIĆ [1999] 24)

(Celje) und *Nesactium* (bei Vižače) errichtet (Abb. 103). Sogar eine Verdreifachung der Anlage konnte auf dem Tonovcov Grad in den slowenischen Ostalpen (6. Jh.) nachgewiesen werden (Abb. 104). Trotz des felsigen Geländes hatten die einzelnen Säle der Tripelkirche ähnlichen Aufbau und Dimensionen.[242]

Ein Grund für die Verdopplung war, die dem Martyrer gewidmete Kirche um eine Basilika für eucharistische Feiern zu erweitern. In *Parentium* (Poreč) ist dies inschriftlich belegt.[243] Die genaue Struktur des Oratoriums,

[241] R. BRATOŽ, Doppelkirchen auf dem östlichen Einflussgebiet der aquileianischen Kirche und die Frage des Einflusses Aquileias. *AnTard* 4 (1996) 133-141; B. MARUŠIĆ, *Das spätantike und byzantinische Pula* (*Kulturhistorische Denkmäler in Istrien* 6). Pula 1967; L. PLES-NIČAR-GEC, *Starokrščanski center v Emoni. Historiat najdišča* (*Katalogi in monografije* 21). Ljubljana 1983, 9-54; F. Lazzarini, La basilica doppia di Nesazio. Diffusione del tipo lungo le rotte dell'Adriatico Orientale. In: HARREITHER u. a. 2006, 905-910.

[242] In allen drei Kirchen wurden Gräber, die auf *ad sanctos* Bestattungen hindeuten, gefunden. Untermauert wird diese Vermutung durch die Sichtung einer Urne (Reliquiar?), die im Altarversturz der Nordkirche steckte. Vgl. S. CIGLENEČKI, *Poznoantična utrjena naselbina Tonovcov grad pri Kobaridu: naselbinski ostanki in interpretacija* (*Opera Instituti archaeologici Sloveniae* 23). Ljubljana 2011.

[243] Die Steintafel, welche die Reliquientranslation des Heiligen Maurus bezeugt, wurde 1847 auf dem Kirchengelände gefunden und trägt folgende Inschrift: *HOC CUBILE SANCTUM CONFESSORIS MAURI / NIBEUM CONTENET CORPUS / HAEC PRIMITIVA EIUS ORATIBUS / REPARATA EST ECCLESIA / HIC CONDIGNE TRANSLATUS EST / UBI EPISCOPUS ET CONFESSOR EST FACTUS / IDEO IN HONORE DUPLICATUS EST LOCUS.* Vgl. G. CUSCITO, Hoc cubile sanctum. Contributo per uno studio sulle origini cristiane in Istria. *AttiMemIstria* 71 (1971) 77-79; Zum Baubefund siehe I. MATEJČIĆ – P. CHEVALIER, Nouvelle interprétation du complexe épiscopal "pré-euphrasien" de Poreč. *AnTard* 6 (1998) 355-365.

an das gegen Ende des 4. Jhs. ein zweiter Saal angebaute wurde, lässt sich jedoch nicht mehr eruieren. Ein Neubau, der Teile des Vorgängerbaus integrierte und das Haupt- sowie die Seitenschiffe nach Osten mit drei Apsiden abschloss, wurde während des Episkopats von Euphrasius errichtet.[244] Unklar ist, ob die erste Bischofskirche von Zadar ebenfalls als Gedenkstätte für einen Martyrer gedacht war. Beim Umbau zur Komplexbasilika mit Baptisterium fand jedoch eine Funktionsänderung der Saalkirche statt.[245]

Die älteste Kirchengruppe Dalmatiens kann zeitlich Ende des 4. Jhs. eingeordnet werden. Zu jener Zeit begann man in Salona mit dem Bau einer monumentalen Doppelanlage, deren Südbasilika im 6. Jh. fast zur Gänze von einer Kreuzkuppelkirche überbaut wurde (Abb. 105). Die auf-

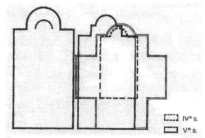

Abb. 105: Episkopale Kirchengruppe, Grundrisse der Bauphasen, Salona (CAMBI [2008] 268 Abb. 4)

recht stehenden Mauern der dreischif-figen Nordbasilika (48 x 27 m), der sog. Basilica urbana, geben eine Vorstellung von der Grundstruktur des episkopalen Baus.[246]

---

[244] Ein weiteres Beispiel für eine Kirchengruppe, die über einem Reliquiengrab entstand, befindet sich auf dem Hemmaberg im Süden Kärntens. Die beiden frühchristlichen Denkmäler hatten die Form von Saalkirchen, denen ein Baptisterium zugeordnet war. Der Name des *confessor Christi* ist nicht überliefert. Vgl. F. GLASER, *Das frühchristliche Pilgerheiligtum auf dem Hemmaberg.* Klagenfurt 1991; DERS., Hemmaberg. *MFrAÖ* 4 (1992) 6-14; DERS., Hemmaberg. Eine weitere Doppelkirchenanlage und die Frage ihrer Interpretation. *MFrAÖ* 5 (1993) 30-40.
[245] Zur funktionalen Teilung der Kirchengruppe in Gemeinde- und Memorialkirche siehe T. K. KEMPF, Ecclesia cathedralis eo quod ex duabus ecclesiis perficitur. In: *Arte del primo Millennio. Atti del 2 Convegno per lo studio dell'arte dell'Alto Medioevo.* Turin 1953, 3-10; Zur Nutzung als Katechumeneion oder Consignatorium vgl. E. PETERSEN, Aus der Baugeschichte der Spätantike. Die Erklärung der Doppelbauten. *DTT* 21 (1958) 95-99.
[246] Vgl. P. CHEVALIER (Salona 2,2) 1995, 102f.; E. DYGGVE, *History of Salonitan Christianity (Instituttet for sammenlignende kulturforskning. Serie A. Forelesninger* 21). Oslo 1951, 13f.

Besonders in den ländlichen Gebieten Dalmatiens erfreuten sich Kirchengruppen großer Beliebtheit. Die bosnisch-herzegowinischen Denkmäler in Turbe, Zenica (Bilimišće), Jabuka, Gradac, Žitomislići (Abb. 106) und Mogorjelo weisen zwar sehr unterschiedliche Konstruktionen auf, aber die zwei Kirchenschiffe sind in Form und Größe alle ähnlich gestaltet.[247] Dies lässt sich auch für das Zielgebiet der

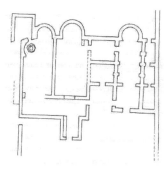

Abb. 106: Kirchengruppe, Grundriss, Žitomislići (JELIČIĆ-RADONIĆ [1994] 36)

Studie bemerken (Abb. 107). Relevante Bauten (Abb. 108) befinden sich in Podvršje, Prižba/Srima, Trbounje/Čupići, Bičina/Polača und auf den Inseln Cres (Osor), Hvar (Stari Grad) und Mljet (Polače).[248]

Hinter den vielfältigen Ausbauformen steht die Intention, mehr Raum für liturgische Handlungen zu schaffen. Einen Hinweis könnte die Vorschrift des Konzils von Auxerre (578) liefern, auf dem sich Bischöfe für eine reglementiertere Liturgie einsetzten, mit der Regel, am Tag nur eine Messe am Altar zu feiern.[249]

---

[247] Die rekonstruierten Grundrisse basieren meist auf unzureichend publizierten Altgrabungen. Vgl. BASLER 1993; CAMBI 2005, 71-122; A. MILOŠEVIĆ, Je li crkva u Bilimišću kod Zenice ranosrednjovjekovna građevina? *Godišnjak (Sarajevo)* 33 (2004) 253-278; P. OREČ, Ranokršćanska dvojna crkva u Gracu kod Posušja. *Glasnik Zemaljskog muzeja Bosne i Hercegovine u Sarajevu. Arheologija* 37 (1982) 55-82; T. ANĐELIĆ, Kasnoantička dvojna bazilika (basilica geminata) u Žitomislićima kod Mostara. *Glasnik Zemaljskog muzeja Bosne i Hercegovine u Sarajevu. Arheologija* 32 (1977) 293-314; H. VETTERS, Zum Bautypus Mogorjelo. In: F. EICHLER – E. BRAUN (Hg.), FS Fritz Eichler. Wien 1967, 138-150.

[248] Zu den Befunden auf den dalmatischen Inseln siehe G. CUSCITO, Le origini cristiane e la prima basilica episcopale di Ossero (Liburnia). *RPAA* 72 (1999-2000) 19-46; J. JELIČIĆ-RADONIĆ, Ranokršćanske dvojne crkve. In: BELAMARIĆ (Hvar) 1994, 18-38; L. FISKOVIĆ, Late antique buildings in Polače on the island of Mljet. In: *Radovi XIII. CIAC Split – Poreč, 25.9.–1.10.1994.* Split 1998, 273-286.

[249] Dazu befindet sich im 10. Kanon der Synode von Auxerre die Anweisung: *Non licet super uno altario in una die duas missas dicere, nec in altario ubi episcopus missas dixerat presbyter in illa die missas non dicat*; Vgl. F. MAASSEN (Hg.), *Concilia aevi Merovingici 511-695 (MGH Concilia 1)*. Hannover [2]1956, 180.

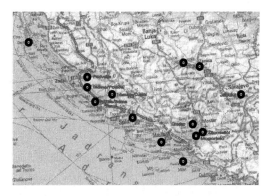

Abb. 107: Lageplan,
Kirchengruppen in
Dalmatien nach Dunlop
Roadmap Europe

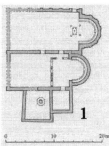
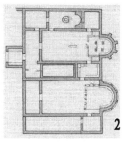

Abb. 108: Sog. Doppelkirchen:
1 Podvršje/Glavčine,
2 Prižba/Srima
(VEŽIĆ [2005] 157)

KOMPLEX BASILIKA Bauphase, Objekt	Innenmaße (m), ohne Narthex u. Nebenräume	Typus	Apsis Innenmaße (m)	Annex	Funktion
ZADAR – PETERS- BASILIKA	....	1.300 m²			
II,1 Umbau A. 5. Jh.	15,3 x 11,2	Saal- kirche	innen: halbrund außen: polygonal 4,5 tief	-	ungeklärt: Katechum- eneion / Memoria
II,2 A. 5. Jh.	38 x 20	Drei- schiffige Basilika	halbrund, breiter als das Mittel- schiff (13 x 8) mit *deambulatorium*	Baptis- terium u. Diakoni- kon?	Bischofs- kirche

KIRCHEN- GRUPPE Bauphase, Objekt	Gebäude Maße (m)	Typus	Apsis Innenmaße (m)	Annex	Funktion

**PODVRŠJE/
GLAVČINE
SOG.
DOPPEL-
KIRCHE**   ...   280 m²

I,1 2. H. 5. Jh.	16,6 x 6,7	Saalkirche	halbrund 4,3 x 3,3	Baptisterium u. Diakonikon	
II,2 6. Jh.	17,3 x 7,8	Saalkirche	innen: halbrund außen: polygonal 4,4 x 3,5 mit Lisenen	-	Gemeinde- kirche

**PRIŽBA/
SRIMA
SOG.
DOPPEL-
KIRCHE**   ...   740 m²

II,1 Umbau M. 6. Jh.	13,5 x 6,8	Saalkirche	innen: hufeisen- förmig außen: polygonal 4,15 x 3,3 mit Kontraforen	Baptisterium mit Vor- räumen	Gemeinde- kirche
II,2 M. 6. Jh.	13,5 x 7,5	Saalkirche	halbrund 5,1 x 3,5	Prothesis	Gemeinde- kirche

**TRBOUNJE/
ČUPIĆI**   ...   900 m²

II,1 Umbau M. 6. Jh.	12,8 x 3,3	Saalkirche	halbrund 2,3 x 2	-	Friedhofs- kirche
II,2 M. 6. Jh.	13,4 x 6,6	Saalkirche	innen: halbrund außen: polygonal 3,5 x 2,5	-	Gemeinde- kirche
II,3 M. 6. Jh.	13,8 x 4,6		halbrund 2,1 x 1,7	-	Baptis- terium

5.2. TAUFANLAGEN. ARCHITEKTUR UND IHRE IMPLIKATION ZUM LITURGISCHEN ABLAUF

Als erstes umfassendes Werk über Baptisterien gilt der Katalog von Armen KHATCHATRIAN aus dem Jahr 1962, der über 300 Denkmäler enthält.[250] Aufgrund der Fülle an Monumenten fehlte eine gebietsbezogene Untersuchung, die in den darauf folgenden Jahrzehnten von zahlreichen Forschern nach Regionen aufgeteilt geleistet wurde.[251] Mit Taufanlagen in Oberitalien und der Alpenregion beschäftigten sich Friedrich OSWALD, Leo SCHÄFER und Hans Rudolf SENNHAUSER.[253] Grundlegendes zu den Beständen in Dalmatien und ihrer architektonisch bzw. liturgiegeschichtlichen Auswertung legten Pascale CHEVALIER, Đuro BASLER und Andreas PÜLZ in den 1980/90er Jahren vor.[254] Die bislang ausführlichste Publikation zu frühchristlichen Baptisterien verfasste Sebastian RISTOW Ende der 1990er Jahre. Der Studie liegt ein Katalog bei, der weit über 1000 Denkmäler enthält, und der die globale Formenvielfalt abbildet.[255]

Viele als Baptisterium angesprochene Gebäude wurden in bereits bestehende Bauten, vornehmlich Wohnhäuser und Thermenanlagen, eingepasst und für den neuen Zweck adaptiert. Dementsprechend groß ist die Vielfalt der angetroffenen Typen, zumal auch die Trägerbauten im Imperium starke Unterschiede aufweisen können.[256] Mit dem Baptisterium der

---

[250] A. KHATCHATRIAN, *Les baptistères paléochrétiens. Plans, notices et bibliographie (Collection chrétienne et byzantine)*. Paris 1962.

[251] Einen Überblick zur regionalen Forschungsarbeit, die ab den 1970er Jahren intensiviert wurde, gibt C. DELVOYE, *RBK* 1 (1966) Sp. 493-496 s. v. Baptisterium.

[253] F. OSWALD – L. SCHÄFER – H. R. SENNHAUSER, *Vorromanische Kirchenbauten. Katalog der Denkmäler bis zum Ausgang der Ottonen (Veröffentlichungen des ZI 3)*. München 1966-1971.

[254] P. CHEVALIER, Les baptistères paléochrétiens de la province romaine de Dalmatie. *Diadora* 10 (1988) 111-163; BASLER 1993; A. PÜLZ, *Frühchristliche Baptisterien in Bosnien und der Herzogwina liturgiegeschichtlich untersucht*. Unpubl. Diss. Wien 1992.

[255] S. RISTOW, *Frühchristliche Baptisterien (JbAC Erg.-Bd. 27)*. Münster 1998.

[256] Vgl. F. W. DEICHMANN, *RAC* 1 (1955) Sp. 1157-1167 s. v. Baptisterium.

Lateranbasilika San Giovanni in Fonte (Rom), gestiftet unter dem Pontifikat Papst Silvesters (314-335), wurde das Nymphäum der *domus Faustae* überbaut. Die Rotunde (Ø 19 m) befand sich zirka 50 m nordwestlich der Bischofskirche und hatte eine runde Piszine mit überhöhtem Ziborium im Zentrum (Abb. 109).[257] Allerdings ist nicht jeder archäologische

Abb. 109: Baptisterium der Lateranbasilika San Giovanni in Fonte, Rom (Foto: Verf.)

Befund, der eine Piszine aufweist, zwingend als Baptisterium zu interpretieren. So sind etwa bei Objekt I in Nin eine Piszine mit Einstiegsstufen und die Standplatte eines Tisches vorhanden, allerdings fehlt das zugehörige Kirchengebäude.

Sekundär kann die facettenreiche Architektur der Baptisterien einen Hinweis auf unterschiedliche Einweihungspraktiken darstellen. Problematisch zeigt sich der Quellenbestand. Da keine epigrafischen Aufzeichnungen zu Ritus und Liturgie der dalmatinischen Diözesen überliefert wurden, geben materielle Hinterlassenschaften in erster Linie Anhaltspunkte, um ein mögliches Taufgeschehen zu rekonstruieren. Nicht nur architektonische Charakteristika, sondern auch enge Handelsbeziehungen mit Aquileia und Mailand sowie kirchenpolitische Verbindungen zu Rom und ab Mitte des 6. Jhs. zu Konstantinopel legen ähnliche Initiationsriten für die Kirche von

---

[257] Zur Datierung vgl. LP 1, 172-175; O. BRANDT, Il battistero lateranense. Nuove interpretazioni delle fasi strutturali. *RACr* 84 (2008) 189-282.

Iader und *Scardona* nahe.[258] Obwohl es zwischen dem westlichen und östlichen Küstengebiet des Mittelmeeres Abweichungen gab, herrschte in der Spätantike eine relativ einheitliche Taufpraxis.[259] Nur im ostsyrisch-mesopotamischen Hinterland sah man sich enger mit der jüdischen Tradition verbunden, bei der eine Epiphanie mit der Herabkunft des Geistes der Taufe voraus ging.[260]

5.2.1. BAPTISTERIUM

In apostolischer Zeit konnte das Bekenntnis zur Nachfolge Christi überall dort stattfinden, wo man ὕδωρ ζῶν, fließendes Wasser, vorfand.[261] Solche Ganzkörperwaschungen zur kultischen Reinheit waren bereits im Judentum (Mikwe) sowie in hellenistisch-römischen Religionen gängige Praxis, besonders bei Mysterienkulten. Die Christen lehnten den paganen Glauben

---

[258] Allgemeines zum Taufritual vgl. C. STRECKER, Taufrituale im frühen Christentum und in der Alten Kirche. In: D. HELLHOLM u. a., *Ablution, initiation, and baptism: late antiquity, early Judaism, and early Christianity* (*BZNTW* 176,2). Berlin – New York 2011, 1383-1440; Zu ritusbezogenen Untersuchung in Salona und Dalmatien sowie Liturgien der Nachbarprovinzen siehe I. PAVIĆ, *Zu Ritus und Liturgie im spätantiken Salona, Dalmatien. Fund- und Quellenbestand vom 4. bis in das 7. Jh.* Unpubl. Diss. Wien 2004, 12-20; Zu Indizien, welche die iadertinische Diözese mit der weströmischen Liturgie in Verbindung bringen, siehe B. MIGOTTI, Dalmacija na razmeđi Istoka i Zapada u svjetlu međusobnog odnosa jaderske i salonitanske ranokršćanske crkve. *VAMZ* 24/25 (1991/92) 163-182; PÜLZ 1993, 167 verweist auf die *renovatio Imperii* (535) und deutet einen möglichen Wechsel zur Liturgie des Cyrillus von Jerusalem an.

[259] Im Detail besprochen bei G. KRETSCHMAR, Die Geschichte des Taufgottesdienstes in der alten Kirche. *Leiturgia* 5 (1970) 222-296.

[260] Vgl. G. WINKLER, Zur frühchristlichen Tauftradition in Syrien und Armenien unter Einbeziehung der Taufe Jesu. *OS* 27 (1978) 281-306; DIES., Die Lichterscheinung bei der Taufe Jesu und der Ursprung des Epiphaniefestes. *OrChr* 78 (1994) 177-229.

[261] Did. 7, 2f. (*BKV* 1,35); Vgl. T. KLAUSER, *Taufet in lebendigem Wasser! Zum religions- und kulturgeschichtlichen Verständnis von Didache 7,1-3* (1939). *Gesammelte Arbeiten zur Liturgiegeschichte, Kirchengeschichte und christlichen Archäologie* (*JbAC* Erg.-Bd. 3). Münster 1974, 177-183; Just. Mart. Apol. 1, 61, 3 (*BKV* 1, 12): Wo Wasser ist, werden sie (die Täuflinge) neu geboren in einer Art von Wiedergeburt, die wir auch selbst an uns erfahren haben; denn im Namen Gottes, des Vaters und Herrn aller Dinge, und im Namen unseres Heilandes Jesus Christus und des Heiligen Geistes nehmen sie alsdann im Wasser ein Bad; Siehe dazu ausführlich A. LINDEMANN, Zur frühchristlichen Taufpraxis. Die Taufe in der Didache, bei Justin und die Didaskalia. In: HELLHOLM u. a. 2011, 774-781.

zwar eindeutig ab, mussten sich aber mit ihrer Umgebung auseinandersetzen und so wurden manche kultische Praktiken übernommen.[262] Von einer neuen Geburt im Zusammenhang mit einer Isisweihe berichtet Apuleius in seinen Metamorphosen.[263] Die heidnischen Parallelen zur Taufpraxis waren den Kirchenvätern aber durchaus bewusst.[264] Ebenso sind Ähnlichkeiten zur jüdischen Proselytentaufe auszumachen.[265]

Erst im 2./3. Jh. bildeten sich Hauskirchen heraus. Dies waren Orte der Zusammenkunft, des Gebets, aber auch Stätten zur Einweihung neuer christlicher Gemeindemitglieder. Getauft wurde mit mobilen Becken, fallweise sind auch eigens dafür umfunktionierte Räume anzunehmen. Das bisher älteste aufgefundene Gebäude (um 230 datierbar) bei dem es sich um ein Baptisterium[266] handeln könnte, befindet sich in Dura Europos.[267] Das ehemalige Wohn-

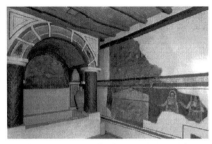

Abb. 110: Sog. Taufbecken, Rekonstruktion, Baptisterium (?), Dura Europos (MARTIN [1994] 297)

---

[262] E. R. DODDS, *Pagan and Christian in an Age of Anxiety.* Cambridge 1965, 87f.

[263] Apul. met 11, 21, 7: *Numen deae soleat elicere et sua providentia quodam modo renatos ad novae reponere rursus salutis curricula.* Vgl. W. BURKERT, *Antike Mysterien. Funktionen und Gehalt.* München 1994, 83-86, der aber hervorhebt, dass diese Kulthandlungen nicht als Taufe anzusehen wären.

[264] Vgl. Tert. bapt. 5, 1 (*BKV* 1, 7); F. GRAF, Baptism and Graeco-Roman Mystery Cults. In: HELLHOLM u. a. 2011, 101-118.

[265] Siehe E. STOMMEL, *Christliche Taufriten und antike Badesitten* (*JbAC* 2) Münster 1959, 5f., besonders 9.

[266] Ursprünglich bezog sich der Begriff auf das *caldarium,* das *frigidarium* oder die *natatio* in den Thermen (Plin. epist. 2, 17, 11). Der Raum, in dem man das Sakrament der Taufe vollzog, wurde ebenso als *baptisterii basilica, tinctorium, fons, balneum* oder φωτιστήριον bezeichnet. Vgl. F. W. DEICHMANN, *RAC* 1 (1955) Sp. 1158 s. v. Baptisterium. A. Name; STOMMEL 1959, 5f.

[267] Zuletzt bei D. KOROL – J. RIECKESMANN, Neues zu den alt- und neutestamentlichen Darstellungen im Baptisterium von Dura-Europos. In: HELLHOLM u. a. 2011, 1611-1672, 1611-1616 (Baubefund); U. MELL, Christliche Hauskirche und Neues Testament. Die Ikonologie des Baptisteriums von Dura Europos und das Diatessaron Tatians. *NTOA* 77 (2010) 107-112 (Baptisterium); 113-188 (Bildprogramm und Interpretation).

haus hatte in Hofnähe einen langrechteckigen mit einem Arkosol abgeschlossenen Raum (Abb. 110). Unterhalb dieser Bogenkonstruktion lag ein zirka ein Meter tiefes, sarkophagähnliches Becken (1,7 x 0,95 m). An der Innenseite war es mit *opus signinum* beschichtet. Ein Indiz dafür, dass es sich tatsächlich um ein Baptisterium handeln könnte, stellt die Wandmalerei da. Dem widdertragenden Guten Hirten in der Lünette vor dem Taufbecken wurde die Episode vom leeren Grab Christi als Allegorie der Auferstehung zur Seite gestellt. Es war wohl beabsichtigt, dass die Piszine als Grab zu verstehen sei. Der theologische Hintergrund besteht darin, dass der Mensch vor der Taufe im Wirkungskreis der Sünde und des Todes steht. Erst durch „das Untergetauchtwerden im Wasser und wieder Aufrichten"[268] bekommt der Gläubige ein neues Leben, indem er an Christi Sterben und Beerdigung Anteil nimmt.[269]

Mit der Errichtung spezieller Bauten wurde ab dem 4. Jh. begonnen. Abgesehen von den Baptisterien in den Metropolen, weisen nahezu alle diese frühen Anlagen eine rechteckige bzw. quadratische Form auf.[270] Die Räume waren zirka 10 m^2 groß und direkt dem Versammlungsraum angegliedert. Der viereckige Ausbau verbreitete sich vor allem im östlichen Mittelmeerraum.

---

[268] Ambr. sacr. 3, 1, 1 (*FC* 3): *Hesterno de fonte disputavimus, cuius species veluti quaedam, sepulchri forma est, in quem, credentes in patrem et filium et spiritum sanctum, recipimur et demergimur et resurgimus, hoc est resuscitamur.*
[269] Bereits Paulus hatte den Zusammenhang zwischen der Auferstehung Christi und jener der Gläubigen gelehrt: So wie durch Adam der Tod gekommen ist, so werden in Christus alle lebendig gemacht (1 Kor 15,21); Durch die Taufe sind die Christen bereits sakramental begraben und auferweckt worden. Vgl. Röm 6,4f., Kol 3,1; Eph 2,5f.; J. RATZINGER, *LThK* 1 (1986) Sp. 1047f. s. v. Auferstehung des Fleisches.
[270] RISTOW 1998, 17.

Abb. 111: Trapezoides
Baptisterium, Dreischiffige
Basilika, Ivinj (Foto: Verf.)

In der zweiten Hälfte des 5. Jhs. setzte sich dieser Trend auch in Dalmatien durch. Durchwegs sind Taufanlagen in einer zweiten Bauphase der Kirche beigefügt worden, meist an der Nord- oder Südseite. Baptisterien in Zenica (Bilimišće), Gradac, Žitomislići, Mogorjelo, Cim, Klobuk, Crvenica und Mokro auf dem Gebiet Bosnien Herzegowina fallen in diese Kategorie ebenso wie in Podvršje/Glavčine, Prižba/Srima, Stari Grad (Hvar), Trbounje/Čupići, Bičina/Polača, Lovrečina (Brač) und Polače (Mljet) an der kroatischen Küste.[271] Die trapezoide Form in Ivinj lässt sich auf den verbauten Mauerzug des ursprünglichen Villentrakts zurückführen (Abb. 111).

In Oberitalien und Südfrankreich, aber auch an der östlichen Adriaküste wurden bevorzugt achteckige Baptisterien gebaut.[272] Allerdings zeigt auch das umgestaltete Lateranbaptisterium in Rom Mitte des 5. Jhs. einen oktogonalen Grundriss. Zwischen Piszine und Außenmauer war es mit einer Rundkolonade ausgestattet. Der Zutritt erfolgte durch einen vorgelagerten

---

[271] Einen Überblick zu den einzelnen Denkmälern mit Verbreitungskarte, Grundrissen und weiterführender Literatur gibt P. CHEVALIER, Les baptistères paléochrétiens de la province romaine de Dalmatie. *Diadora* 10 (1988) 111-163.
[272] Den Versuch, oktogonale Baptisterien zu klassifizieren und chronologisch einzuordnen, unternimmt O. BRANDT, The Lateran Baptistery and the diffusion of octagonal baptisteries from Rome to Constantinople. In: HARREITHER u. a. 2006, 221-227; RISTOW 1998, 18f; M. ROBERTI, I battisteri dell'arco adriatico. Aquileia e Ravenna. *AA* 13 (1978) 489-503.

Narthex, der beidseitig mit einer Apsis abschloss.[273] Richtungweisend für den nordadriatischen Raum war das ambrosianische Baptisterium San Giovanni alle fonti in Mailand (Mitte 4. Jh.), südwestlich der Basilica Major (Abb. 112). Das Oktogon hatte im Inneren Nischen, die alternierend halbrund und rechteckig geformt waren. Im Zentrum befand sich eine achtseitige Piszine

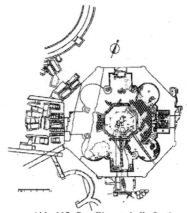

Abb. 112: San Giovanni alle fonti, Baptisterium, Grundriss (LUSUARDI SIENA [1996] 132)

(Lichte Weite 4,5 m). An den äußeren Ecken wurden Lisenen vorgeblendet. Ein Jahrhundert später fand diese Konstruktion in unmittelbarer Nähe beim Bau des Baptisteriums von Santo Stefano alle fonti ein Echo.[274] Weitere Taufanlagen, die Mitte des 5. Jhs. entstanden und dieselbe Bauform aufweisen, waren das Oktogon von Albenga und der Zubau von Santo Stefano in Bologna.[275]

Eine Abwandlung davon ist das iadertinische Nischenhexagon aus dem 5. Jh. (Abb. 113). Vergleichbare Bauwerke konnten bisher im nordfranzösi-

---

[273] Ausführlich besprochen bei O. BRANDT, Il Battistero lateranense dell'imperatore Costantino e l'architettura contemporanea. Come si crea un'architettura battesimale cristiana? *ActaHyp* 8 (2001) 117-144; DERS., Il battistero lateranense. Nuove interpretazioni delle fasi strutturali. *RACr* 84 (2008) 189-282.

[274] S. LUSUARDI SIENA – E. DELLÙ – M. L. DELPIANO – E. MONTI, Lettura archeologica e prassi liturgica nei bat-tisteri ambrosiani tra IV e VI secolo. In: R. PASSARELLA (Hg.), *Ambrogio e la liturgia. Atti del settimo dies Academicus* 4.–5.4.2011 (*Biblioteca Ambrosiana*). Mailand 2012, 89-119; B. M. GHETTI, Le cattedrali di Milano ed i relativi battisteri. Nota sulla basilica di S. Lorenzo Maggiore. *RACr* 63 (1987) 23-89; M. ROBERTI, Il battistero di Sant' Ambrogio a Milano. *AttiMemIstria* 79 (1979-80) 455-464.

[275] Siehe dazu M. MARCENARO, Albenga. Il ritrovamento del fonte battesimale del V secolo. *Temporis signa* 6 (2011) 207-232; D. GANDOLFI, Albenga, battistero "monumentale": una nuova scoperta. *Temporis signa* 3 (2008) 199-202; M. MARCENARO, *Il battistero paleocristiano di Albenga: le origini del cristianesimo nella Liguria marittima.* Recco 1994.

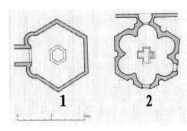

Abb. 113: Hexagonale Baptisterien, Grundrisse: 1 Portbail, 2 Zadar (VEŽIĆ [2005] 150)

Abb. 114: Oktogonales Baptisterium mit kreuzförmiger Piszine, Episkopaler Komplex, Salona (Foto: Verf.)

schen Portbail (4./5. Jh.), im Nordwesten der Lombardei in Varese (7. Jh.) und an den südöstlichen Ausläufern des Balkangebirges in Sliven (Bulgarien) nachgewiesen werden.[276] Einen Reflex des Mailändertypus erkennt man auch beim Baptisterium des episkopalen Komplexes in Salona. Um 530 wurde das rechteckige Baptisterium durch ein oktogonales mit kreuzförmiger Piszine ersetzt. Der kreisförmige Innenraum war mit halbrunden Nischen und einer umlaufenden Kolonaden nahe der Mauer ausgestattet (Abb. 114).[277]

Abb. 115: Oktogon mit angefügten Apsiden, Baptisterium der Arianer, Ravenna (Foto: Verf.)

Um den achtseitigen Raum nach außen zu erweitern, bediente man sich aus dem Baukörper vorspringender Apsiden. Bei der ravennatischen Taufanlage der Orthodoxen vom Anfang des 5. Jh. und jener der Arianer (Abb. 115), an die Wende zum 6. Jh. zu datieren, war an jeder Seite eine

---

[276] Vgl. VEŽIĆ 2005, 152; M. BOÜARD, Le baptistère de Port-Bail (Manche). *CArch* 9 (1957) 1-22; I. SHTEREVA, Baptistère ancienchrétien à Sliven. *IAI* 38 (1995) 7-13.
[277] Näheres zur frühen Datierung unter dem Pontifikat Synferius bzw. Esychius I. vgl. T. MARASOVIĆ, Il complesso episcopale Salonitano nel 6-7 secolo. *VAHD Suppl.* 87/89,2 (1998) 1003-1014.

halbrunde Nischen angefügt.[278] Bei den Denkmälern in Como und Novara treten alternierend halbrunde und rechteckige Apsiden hervor.[279] Ein Oktogon konnte auch mit nur einer Apsis versehen werden, meist in Ost- bzw. Westrichtung. Entlang der Adriaküste sind dies das Baptisterium an der Piazza Vittoria (Lichte 8 m) und der Sant'Eufemia (Abb. 116) in Grado (Lichte 12 m), die im 5. Jh. gebaut wurden.[280] Die Euphrasius Basilika (Abb. 117) in Poreč (Lichte 8 m) sowie der Saalkirchenkomplex in Pridraga (Lichte 3,8 m), die diese Variante aufgriffen, stammen aus der Mitte des 6. Jhs (Abb. 116).[281] Oktogone mit quadratischer Ummantelung findet man, außer bei den französischen Denkmälern in Aix-en-Provence, Marseille, Fréjus, Riez und Saint-Rémy de Provence,[282] ebenso in Riva San Vitale (Tessin) und bei der posttheodorianischen Bischofsbasilika in Aquileia.[283]

---

[278] Dazu besonders F. W. DEICHMANN, *Ravenna. Hauptstadt des spätantiken Abendlandes* 1. Wiesbaden 1969, 130-151; 209-212 und ebd. 2,1 (1974) 17-47; 251-258.

[279] Siehe D. CAPORUSSO, Como. Scavi archeologici in via Adamo del Pero n. 11 e alcune considerazioni sul battistero paleocristiano. *RAComo* 177 (1995) 101-200; U. CHIERICI, *Il battistero del duomo di Novara.* Novara 1967.

[280] Vgl. C. RIZZARDI, I battisteri di Aquileia e di Grado fra Tardoantico e Altomedioevo: tipologia ed evoluzione architettonica. Aquileia dalle origini alla costituzione del ducato longobardo. L'arte ad Aquileia dal sec. 4 al 9. *AA* 62 (2006) 277-301; G. MARCHESAN-CHINESE, La basilica di piazza della Vittoria a Grado. Grado nella storia e nell'arte. *AA* 17 (1980) 309-323; G. BOVINI, La basilica di Piazza della Vittoria a Grado ed il suo battistero. In: N. ALFIERI u. a., *CARB Ravenna,* 11.–24.3.1973. Ravenna 1973, 137-146; DERS., La basilica di S. Eufemia a Grado. In: ALFIERI u. a. 1973, 147-158.

[281] Siehe vor allem A. ŠONJE, Problematika zaštite krstionice Eufrazijeve bazilike u Poreču. *ZP* 1 (1971) 345-371.

[282] Zum Überblick vgl. J. GUYON, Baptistères et groupes épiscopaux de Provence. Elaboration, diffusion et devenir d'un type architectural. In: *Actes du XI. CIAC Lyon, Vienne, Grenoble, Genève et Aoste,* 21.–28.9.1986. Rom 1989, 1427-1449.

[283] H. R. SENNHAUSER, Riva San Vitale, Baptisterium und Kirche (A82): Das Baptisterium ist im frühen Mittelalter einmal erneuert worden. In: DERS., *Frühe Kirchen im östlichen Alpengebiet. Von der Spätantike bis in ottonische Zeit* 2 (*AbhMünchen* 123). München 2003, 745-759; O. BRANDT, Il battistero "cromaziano". La Basilica di Aquileia: storia, archeologia ed arte. *AA* 69 (Triest 2010) 323-354; RIZZARDI 2006, 277-301.

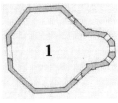

Abb. 116: Oktogonale
Baptisterien mit angefügter
Apsis, Grundrisse: 1 Grado, 2
Pridraga (VEŽIĆ [2005] 144)

Abb. 117: Baptisterium, Euphrasius-Basilika, Poreč
(Foto: Verf.)

5.2.2. FORM UND LAGE DER PISZINEN

Für die Gestaltung und Ausrichtung des Taufbeckens lässt sich, ebenso wie
beim Gebäude selbst, keine einheitliche Formenwahl erkennen. Waren
Piszinen des 3. und 4. Jhs. meist rechteckig, quadratisch oder rund, sind ab
dem 5. Jh. polygonale bzw. kreuzförmige Ausführungen bekannt. Runde,
viereckige sowie polygonale Becken verwendete man in verschiedenen Bereichen. Das ist keine Erfindung der christlichen Architektur. Thermen,
Villenanlagen, Brunnenhäuser haben eine vielfältige Formensprache ausge-
bildet.[284] Hinzu kommt, dass Becken häufig in einer weiteren Bauphase
umgeändert wurden. Regionale und zeitliche Tendenzen liegen jedoch vor.
In Dalmatien zeigt sich eine Vorliebe für kreuzförmige Piszinen (Abb.
124). Weitere Verbreitungsschwerpunkte sind Griechenland und Palästina.
In den restlichen Regionen des Reiches stellt die Kreuzpiszina eher die
Ausnahme dar.[285] Bereits Anfang des 5. Jhs. wurden die Basilica cum

---

[284] Siehe dazu RISTOW 1998, 34f.
[285] Zu den Denkmälern vgl. ebd. 30f.

Baptisterio („Ariana") und die Episkopalbasilika in Salona, ebenso wie die
Komplexbasilika in Zadar mit einem
derartigen Taufbecken ausgestattet.[286]
Mitte des 6. Jhs. erreicht diese Bauform
die Inseln und das Hinterland. Nach sa-
lonitanischem Vorbild wurden in Stari
Grad (Hvar), Povlja (Brač) und Klobuk
(BiH) runde bzw. oktogonale Becken
durch kreuzförmige ersetzt.[287] Auch bei
Annexbauten wie in Trbounje/Čupići,
Bičina/Polača, Halapić, Mujdžići, Lovrečina (Abb. 118) und Postira (Brač), Pri-
soje, Crvenica, Otok, Mogorjelo, Nerezi,

Abb. 118: Kreuzförmige Piszine
mit Ziborium, Baptisterium,
Saalkirchenkomplex, Lovre-
čina/Brač (Foto: J. BARAKA
PERICA)

Bare, Blagaj, Vinjani und Lepenica entschied man sich für die Kreuz-
form.[288] Ein anderes Bild zeigt sich bei den Taufanlagen von Podvršje/
Glavčine (Abb. 119), Prižba/Srima (Abb. 120) und Dikovača Zmijavci bei
Imotski, die bereits in der 2. Hälfte des 5. Jhs. kreuzförmige Einbauten
aufweisen, jedoch in der Ära Iustinian I. durch oktogonale bzw. runde
Becken ersetzt wurden.[289] Im Verlauf des Frühmittelalters prägt sich der

---

[286] E. DYGGVE, Le baptistère de la basilica urbana à Salone d'après les fouilles de 1949. In:
Actes du V. CIAC Aix-en-Provence, 13.–19.9.1954 (*SAC* 22). Vatikan 1957, 189-198; PAVIĆ
2004, 48-51.
[287] Der Einfluss des salonitanischen Kulturkreises lässt sich anhand eines für Salona charak-
teristischen Schrankenplattenmotives belegen. Cancelli-Fragmente mit einem lateinischen
Kreuz, welches von zwei antithetischen Schafen flankiert wird, fand man außerhalb der Metropole in den Kirchen von Stari Grad und Povlja. Siehe dazu J. JELIČIĆ-RADONIĆ, Povlja. In:
BELAMARIĆ (Brač) 1994, 17-27.
[288] Eine ausführliche Zusammenstellung der dalmatinischen Taufbecken findet sich bei P. CHE-
VALIER 1988, 131-154; DIES. (Salona 2,1) 1995, 158-180; PÜLZ 1993.
[289] CHEVALIER (Salona 2,1) 1995, 246-249.

Abb. 119: Kreuzförmiges Taufbecken und Reste der oktogonalen Piszine, Podvršje/Glavčine (VEŽIĆ [2005] 154)

Abb. 120: Runde Piszine und Reste des kreuzförmigen Beckens, Prižba/Srima (Foto: Verf.)

Trend, die Taufbecken zu verkleinern, noch stärker aus.[290]

Ausgehend von San Giovanni alle fonti in Mailand verbreitete sich die oktogonale bzw. hexagonale Piszinenform in den Bischofszentren Norditaliens und Istriens, während der runde Laterantypus zumeist im Osten des Reiches angetroffen wird (Abb. 124). Zu nennen ist auch die hexagonale Piszine der ersten Bauphase (4./5. Jh.) in Salona, die wohl in Anlehnung an das posttheodorianische Becken in Aquileia entstand (Abb. 121), ebenso wie die Piszine in Sant'Eufemia aus der 2. Hälfte des

Abb. 121: Hexagonale Piszine, Baptisterium, Bischofsbasilika, Aquileia (Foto: Verf.)

5. Jhs. (Grado) oder der Euphrasiusbasilika (Poreč) Mitte des 6. Jhs. Wie von RISTOW postuliert, bestätigt sich auch für Dalmatien, dass sich Verbreitungsschwerpunkte kreuzförmiger und oktogonaler Piszinen einander nahezu ausschließen.[291] Polygonale Einbauten in dalmatischen Baptis-

---

[290] Siehe dazu RISTOW 1998, 50-52; H. SCHNEIDER, Die Entwicklung der Taufbecken in der Spätantike. In: HELLHOLM u. a. 2011, 1711f.
[291] Vgl. D. DI MANZANO, Il simbolismo del fonte battesimale esagonale. *AquilNost* 39 (1968) 49-54; S. RISTOW, Der frühchristliche Taufort zwischen Rom und Konstantinopel. Aussagemöglichkeit zu Form und Datierung von Baptisterien und Piscinen. In: HARREITHER u. a. 2006, 663-670, besonders 664; Zur imperialen Verbreitung oktogonaler Formen siehe RISTOW 1998, 29f.

Abb. 123: Runde Piszine, Baptisterium,
Sog. Doppelkirche, Prižba/Srima
(Foto: Verf.)

Abb. 122: Hexagonale Piszine, Baptisterium,
Saalkirche, Pridraga (Foto: Verf.)

terien stellen eher eine Randgruppe dar. Hexagonale Ausführungen findet man in Osor (Cres), Pridraga (Abb. 122) und Ivinj, wo das runde Becken Mitte des 6. Jhs. überbaut wurde. Der einzige Vertreter des oktogonalen Typus in diesem Gebiet ist durch den Umbau in Podvršje/Glavčine gegeben. Von der runden Bauweise haben sich in Mokro, Mali Mošunj, Žitomislići, Čipuljić und Cim in Bosnien und Herzegowina Exemplare erhalten, ebenso auf der Insel Krk und das Taufbecken der iustinianischen Bauphase in Prižba/Srima. Ein rechteckiges, bereits vorhandenes Becken, das ursprünglich in einem Wohnhaus Verwendung fand, wurde in Nin für die Taufe umgewidmet.

Die Auswertung der Beckentiefe hat ergeben, dass die durchschnittliche Wasserstandshöhe 0,6 bis maximal einen Meter beträgt. Die Standfläche im Zentrum misst zwischen 0,9 bis 1,5 Meter (Abb. 123).[292] Ungeklärt bleibt, ob der Täufling beim Initiationsritus niederkniete oder eine hockende Haltung einnahm. Im Stehen hätte das Wasser bis zu den Knien oder der Hüfte gereicht, und durch den eingeschränkten Bewegungsradius im Becken

---

[292] Eine tabellarische Aufstellung und typenbezogene Besprechung der Abmessungen ist bei CHEVALIER (Salona 2,2) 1995, 171-173 zu finden.

erscheint ein Übergießen oder eine Taufe per Aspersion naheliegend.[293] Somit ist ein deutlicher Unterschied zur Mikwe gegeben, bei der ein vollständiges Untertauchen vorgesehen war.

Auffällig ist, dass die Piszine oft etwas außerhalb der Raummitte positioniert wurde. Eine Tendenz lässt sich für die Nord-Süd-Richtung erkennen, die für den Taufablauf mehr Platz verschaffte. Somit scheint sich die geringfügige Verlagerung nach Norden in Prižba/Srima, Ivinj, Dabravine, Lepenica, Gradac und Žitomislići, nach Süden in Crvenica, Vinjani, Mujdžići und nach Osten in Podvršje/Glavčine aus rein praktischen Überlegungen ergeben zu haben.[294]

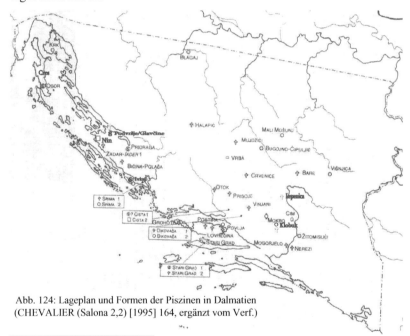

Abb. 124: Lageplan und Formen der Piszinen in Dalmatien
(CHEVALIER (Salona 2,2) [1995] 164, ergänzt vom Verf.)

---

[293] Aus physiognomischen Gründen lässt sich für die Erwachsenentaufe durch *immersio* eine Beckentiefe von mindestens 0,8 m annehmen. Vgl. RISTOW 1998, 91.
[294] A. PÜLZ, Die Lage der Piszinen in den spätantiken Baptisterien Bosniens und der Herzegowina und ihre Auswirkungen auf den Taufablauf. *Heiliger Dienst* 48 (1994) 313.

5.2.2.1. ZUR REKONSTRUKTION DES TAUFGESCHEHENS

Die Taufe war Voraussetzung für die Teilnahme an der Eucharistie und bestand aus einem einmaligen Ritus, der zu bestimmten liturgischen Festen an Kandidatengruppen vollzogen wurde.[295] Ein vorausgehendes Katechumenat, das mehrere Jahre dauern konnte, bereitete den Anwärter auf die Zeremonie und ihre Auswirkungen vor.[296] Zu Erschließung und Rekonstruktion der spätantiken Taufvorbereitung und des Initiationsablaufs sind besonders die ambrosianischen Erläuterungen *de sacramentis*, die Taufkatechesen des Johannes Chrysostomos, *De baptismo* von Tertullian und die mystagogischen Katechesen des Cyrill von Jerusalem als Quellen heranzuziehen. Die jeweiligen Riten entsprachen der regionalen Praxis, und zwischen ost- und weströmischen Vorgaben bestanden Abweichungen.[297] Da keine Schriften zu Ritus und Liturgie aus Dalmatien zur Verfügung stehen,

---

[295] Erst in nachapostolischer Zeit kam diese Anweisung auf. Vgl. Did. 9, 5 (*BKV* 1, 35): Aber keiner darf essen oder trinken von eurer Eucharistie, außer die auf den Namen des Herrn getauft sind. Denn auch hierüber hat der Herr gesagt: „Ihr sollt das Heilige nicht den Hunden geben"; Vgl. K.-H. BIERITZ, Die Zulassung zum Abend-mahl. In: A. VÖLKER (Hg.), *Eucharistie (Beiträge zur Theologie der „Erneuerten Agende". Im Auftrage der Lutherischen Liturgischen Konferenz)*. Berlin 1993, 77-92; Zur Vollzug der Taufe nach der Didache siehe A. LINDEMANN, Zur frühchristlichen Taufpraxis. In: HELLHOLM u. a. 2011, 774-781.

[296] In Trad. apost. 17 (*FC* 1) wird eine dreijährige Vorbereitungszeit angegeben.

[297] Beispielsweise gab es bis ins 6. Jh. in der ostsyrisch-armenischen Tradition keine postbaptismale Salbung. Ebenso war die Vorbereitungszeit wesentlich kürzer, da die Taufe auf eine plötzliche Herabkunft des Geistes vor dem Eintauchen ins Wasser ausgerichtet wurde. Siehe dazu G. WINKLER, *Das armenische Initiationsritual*. Rom 1982, 77-102, 402f.; Zum Einfluss der antiochenischen Liturgie auf den oströmischen Ritus, der durch Johannes Chrysostomos geprägt wurde, vgl. R. F. TAFT, *The Byzantine rite. A short history*. Collegeville 1992; Zur Taufliturgie in Jerusalem siehe J. DAY, The Catechetical Lectures of Cyril of Jerusalem. A Source for the Baptismal Liturgy of Mid-Fourth Century Jerusalem. In: HELLHOLM u. a. 2011, 1186-1199; Über den nordafrikanischen Kirchenvater und seine Taufpraxis, die in Grundzügen dem mailändischen Ritual entsprach, siehe Ø. NORDER-VAL, Simplicity and Power. Tertulian's De Baptismo. In: HELLHOLM u. a., 947-972; Die Liturgie Norditaliens folgte der römischen Ordnung und sah als Besonderheit eine Fußwaschung durch den Bischof vor. Vgl. J. SCHMITZ, *Gottesdienst im altchristlichen Mailand. Eine liturgiewissenschaftliche Untersuchung über Initiation und Messfeier während des Jahres zur Zeit des Bischofs Ambrosius*. Köln 1975, 3-288.

kann das Taufgeschehen lediglich anhand archäologischer Hinterlassenschaften rekonstruiert werden.[298]

Im Wesentlichen umfasste der Taufablauf drei Riten. Bevor der Täufling das Baptisterium betreten durfte, mussten Exorzismen abgehalten werden. Diese unmittelbare Taufvorbereitung enthielt die Absage an den Satan mit anschließendem Bekenntnis des Glaubens.[299] Darauf folgten die Weihung des Taufwassers[300] und eine Ganzkörpersalbung[301]. Der zweite Ritus stellt den eigentlichen Taufakt dar, der durch Untertauchen im Becken bzw. Übergießung oder Besprengung des Kopfes mit Wasser vollzogen wurde.[302] Den Ausführungen Ambrosius' ist zu entnehmen, dass der Bischof *supra fontem* stand. Des Weiteren assistierte ihm ein Presbyter sowie Diakone in der Piszine.[303] Somit wären im Taufbecken von San Giovanni alle fonti in Mailand mit 4,5 m lichter Weite mindestens vier Personen gestanden, was durchaus möglich erscheint (Abb. 125). Dies gilt auch für die Kreuzpiszinen in Zadar, Podvršje/Glavčine, Prižba/Srima, Trbounje/Čupići und Polača/Bičina, die im Durchschnitt 2 x 2 m³ fassten. Bei den Rundformen (Ø bzw. Lichte 0,9–1,5 m) im dalmatinischen Hinterland stiegen die Täuflinge nacheinander ins Becken. Im Anschluss an das rituelle

---

[298] Eine Zusammenstellung spätantiker Taufrituale bietet C. STRECKER, Taufrituale im frühen Christentum und in der Alten Kirche. In: HELLHOLM u. a. 2011, 1396-1404.

[299] Joh. Chrys. catech. 1/23 (*FC* 6, 2): […] Ich widersage dir, Satan, deiner Pracht und deinem Dienst. Und ich binde mich an dich, Christus; Weitere Ab- und Zusagen findet man bei Ambr. sacr. 1, 5-8 (*FC* 3); Tert. spect. 4, 1 (*CCL* 1, 231) und Kyr. Hier. catech. 1, 4-8 (*FC* 7).

[300] Ambr. sacr. 1, 18: […] Sobald der Bischof eingetreten ist, spricht er einen Exorzismus entsprechend der geschaffenen Substanz des Wassers. Danach spricht er eine Anrufung, verbunden mit der Bitte, dass der Taufbrunnen geheiligt werde und die ewige Dreifaltigkeit anwesend sei.

[301] Joh. Chrys. catech. 3/2, 24: Danach, in der Nacht, zieht der Priester euch das Gewand aus und […] lässt den ganzen Körper mit jenem geistlichen Öl salben, damit alle Glieder durch die Salbung geschützt und für die Geschosse des Feindes unverletzbar werden; Ambr. sacr. 2, 4: […] Du bist wie ein Athlet Christi gesalbt worden, wie jemand, der mit dieser Welt einen Ringkampf führen will.

[302] Bei Ambr. sacr. 2, 16.20 bzw. bei Tert. mart. 3, 1 (*CSEL* 76, 4) wurde die Taufe durch ein dreifaches interrogatives Glaubensbekenntnis begleitet.

[303] Ambr. sacr. 1, 9; 2, 16.20.

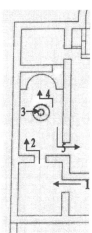

Abb. 125: Baptisterium, San Giovanni alle
fonti, Mailand (Foto: T. GEHRINGER)

Abb. 126: Taufablauf (6. Jh.), Grundriss,
Baptisterium, Prižba/ Srima (GUNJAČA
[2005] 23 Abb. 18)

Bad reichte ein Diakon dem Neophyten ein Handtuch, das wohl auf einem

Beistelltisch an der Ausstiegsstelle bereit lag. Nach dem Abtrocknen zog

sich der Getaufte das weiße Taufkleid an.[304] Der dritte Ritus, die

postbaptismale Salbung,[305] konnte vom Bischof beim Becken, von der

Kathedra in der Taufraumapsis (Prižba/Srima) oder in Altarnähe

durchgeführt werden. Nun durfte das neue Mitglied der christlichen

Gemeinschaft den Kirchenraum betreten und erstmalig die Kommunion

---

[304] Ambr. myst. 34 (*BKV* 1, 32): Danach hast du weiße Kleidung erhalten zum Zeichen dafür, dass du die Hülle der Sünden ausgezogen und das reine Gewand der Unschuld angelegt hast; Kyr. Hier. catech. 4, 8: [...] Jetzt aber, da du die alten Gewänder abgelegt hast und die geistlich weißen angelegt hast, müssen sie immer weiß bleiben. Das Anlegen der Kleider wird bei Chrysostomos nicht beschrieben, jedoch erwähnt er in catech. 2/2, 3, dass die Getauften weiße Gewänder trugen.

[305] Tert. bapt. 7, 1 (*FC* 76): Wenn wir das Taufbad verlassen haben, salbt man uns über und über mit gesegnetem Salböl gemäß einem Ritus des Alten Bundes; Joh. Chrys. catech. 2/3, 7: [...] Da prägt er euch mit dem Salböl das Kreuz auf die Stirn ein und hemmt so die ganze Raserei des Teufels; Ambr. sacr. 2, 24: [...] Gott der allmächtige Vater, der dich aus dem Wasser und dem Geist wiedergeboren und dir deine Sünden vergeben hat, salbt dich selbst zum ewigen Leben: Kyr. Hier. catech. 3, 3: [...] Mit sichtbarem Myron wird der Leib gesalbt, mit heiligem, lebenspendendem Geist wird die Seele geheiligt, und 4,8: [...] Öl werde über dein Haupt gegossen.

empfangen (Abb. 126).[306]

5.2.2.2. MÖGLICHE GRÜNDE FÜR DIE DISPOSITION UND FORMGEBUNG

Ob der Auftraggeber mit der Bauform bzw. Ausrichtung der Piszine immer eine theologische Aussage tätigen wollte, kann nicht bei jedem Bauwerk ergründet werden. Belege für eine derartige Intention gibt es vornehmlich an jenen Gebäuden, die als Avantgarde und Vorbild gelten können, wie die ambrosianische Inschrift im Baptisterium San Giovanni alle Fonti in Mailand zeigt.[307] Der Kirchenvater erläutert, dass das Taufbecken und das dieses umgebende Gebäude sich ganz bewusst auf die Zahl Acht als Symbol für den Tag der Auferstehung Christi und des endzeitlichen Heils bezieht. Der Taufort mache somit das neue Leben in Christus sichtbar, dass durch „das Ablegen des sündhaften Leibes" in Aussicht gestellt werde. Ein soteriologischer Bezug auf die Acht ist bereits im Barnabasbrief des 2. Jhs. gegeben: „Deshalb begehen wir auch den achten Tag (den Sonntag, den ersten Tag der neuen Woche) in Freude, an dem auch Jesus von den Toten auferstanden und, nachdem er sich geoffenbart hatte, in den Himmel aufgestiegen ist."[308]

---

[306] Ambr. sacr. 3, 11: Was folgt danach? Du darfst zum Altar kommen. […] Das ist das Mysterium, von dem du im Evangelium gelesen hast; Joh. Chrys. catech. 3/2 ,27: […] Tatsächlich werden sie sogleich, nachdem sie aus dem Wasser gestiegen sind, an den ehrfurchtgebietenden, mit unzähligen Gütern gedeckten Tisch geführt, kosten vom Leib und Blut des Herrn und werden eine Wohnstätte des Geistes.

[307] ILCV 1, 1841, 362: *OCTACHORVM SANCTOS TEMPLVM SVRREXIT IN VSVS OCTAGO-NVS FONS EST MVNERE DIGNVS EO HOC NVMERO DECVIT SACRI BAPTISMATIS AV-LAM SVRGERE QVO POPVLIS VERA SALVS REDIIT LVCE RESVRGENTIS CHRISTI QVI CLAVSTRA RESOLVIT MORTIS ET E TVMVLIS SVSCITAT EXANIMES CONFESSOSQVE* […]; Vgl. F. J. DÖLGER, Zur Symbolik des altchristlichen Taufhauses. Das Oktogon und die Symbolik der Achtzahl. Die Inschrift des hl. Ambrosius im Baptisterium der Theklakirche von Mailand. *AuC* 4 (1934) 153-187.

[308] Op. Patr. Apost. 15, 2 (*BKV* 1, 35); Vgl. O. BRANDT, Understanding the Structures of Early Christian Baptisteries. In: HELLHOLM u. a. 2011, 1600-1602.

Die hexagonale Form hingegen geht von einer anderen Voraussetzung aus. Sie versinnbildlicht in Anlehnung an die paulinische Lehre den Tod Jesu Christi am 6. Tag der Woche.[309] Im Falle eines dogmatisch orientierten Baukonzepts des Baptisteriums in Pridraga wäre die sechsseitige Piszine als Grab Christi aufzufassen. Nach dem Einweihungsritual, der Auferweckung durch die Taufe, tritt der Neophyt nun als Wiedergeborener in das Oktogon und gehört zum Kreis derer, die auf Auferstehung hoffen dürfen (Abb. 127).[310]

Abb. 127: Baptisterium, Saalkirchenkomplex, Pridraga (VEŽIĆ [2005] 93)

Besonders Mitte des 6. Jhs. ist in Dalmatien ein Trend zur runden bzw. polygonalen Form zu erkennen. Die Todes- und Auferstehungssymbolik manifestiert sich vor allem in der kreuz-förmigen Piszine,[311] welche in der zweiten Hälfte des 5. Jhs. in dieser Region weit verbreitet war.[312] Abge-

---

[309] Röm 6,3: Wisst ihr denn nicht, dass wir alle, die wir auf Christus Jesus getauft wurden, auf seinen Tod getauft worden sind? Kol 2,12: Mit Christus wurdet ihr in der Taufe begraben, mit ihm auch auferweckt, durch den Glauben an die Kraft Gottes, der ihn von den Toten auferweckt hat (*Die Bibel. Einheitsübersetzung der Heiligen Schrift*. Stuttgart 2012). Vgl. D. DI MANZANO, Il simbolismo del fonte battesimale esagonale. *AquilNost* 39 (1968) 49-56.

[310] Joh 3,5: [...] Wenn jemand nicht aus Wasser und Geist geboren wird, kann er nicht in das Reich Gottes kommen. Des Weiteren erklärt Cyrill von Jerusalem (catech. 1, 1), dass der Tod τοῦ ἁγίου τῆς παλιγγενεσίας λου-τροῦ überwunden werde (*FC* 7) bzw. Tertullian (bapt. 1, 1) erläutert, dass die Täuflinge *secundum* ἰχθύν *nostrum Iesum Christum in aqua* als seine *pisciculi* wiedergeboren werden und so ihm ähnlich sind (*FC* 76).

[311] Belegt bei Ambr. sacr. 2, 6 (*FC* 3): [...] *Vide, ubi baptizaris, unde sit baptisma nisi de cruce Christi, de morte Christi. Ibi est omne mysterium, quia pro te passus est. In ipso redimeris, in ipso salvaris*; ebd. 3, 14: [...] *Vade ad illum fontem, in quo crux Christi domini praedicatur, vade ad illum fontem, in quo omnium Christus redimit errores.* Der Bezug auf die paulinische Todessymbolik (Röm 6,3-11) ist dabei unverkennbar. Vgl. B. GABRIČEVIĆ, Piscine battesimali cruciformi scoperte recentemente in Dalmazia. In: *Akten des VII. CIAC Trier*, 5. –11.9.1965 (*SAC* 27). Vatikan 1969, 539-541.

[312] Generell zur symbolischen Deutung der Architektur siehe J. G. DAVIES, *TRE* 5 (1980) Sp. 199-201 s. v. Baptisterium; RISTOW 1998, 77-81. Eine Analyse der Schriftquellen findet sich bei E. STOMMEL, Begraben mit Christus (Röm. 6,4) und der Taufritus. *RQ* 49 (1954) 11-14.

sehen vom Symbolgehalt der Beckenform war allem Anschein nach auch
die Ein- und Ausstiegsrichtung mit
einer christologischen Aussage verbunden. Der Kirchenvater Ambrosius setzt das Hinwenden nach Osten mit dem Bekenntnis zu Christus
gleich.[313] Das setzt die Position des
Taufspenders an der Ostseite des
Taufbeckens voraus.[314] Der Baubefund in Srima/Priža (Abb. 128),

Abb. 128: Baptisterium, Sog. Doppelkirche,
Srima/Prižba (Foto: Verf.)

Trbounje/Čupići, Pridraga und Ivinj legt dies nahe, da der Osten zusätzlich
mit einer Apsis hervorgehoben wurde. Wie sich anhand erhaltener Stufen
nachweisen lässt, erfolgte der Einstieg reichsweit meist von Westen.[315]

Aus patristischer Sicht könnte aber ein Zugang ebenso von Norden erfolgt
sein.[316] Für Lactantius würde dies der sonnenabgewandten Seite ent-
sprechen, die den Tod versinnbildlicht.[317]

Folglich steigt der Neophyt nach dem „Durchzug durch das Rote Meer

---

[313] Ambr. myst. 7 (FC 3): *Ingressus igitur, ut adversarium tuum cerneres, cui renuntiandum in os putaris, ad orientem converteris; qui enim renuntiat diabolo, ad Christum convertitur, illum directo cernit obtutu.* Gleichermaßen waren bei Cyrill von Jerusalem die Taufanwärter πρὸς τὰς δυσμὰς gewandt, bis sie sich vom Satan los sagten. Vgl. Kyr. Hier. catech. 1, 2 (FC 7).
[314] Für Ambrosius nimmt der Taufspender stellvertretend für Gott den Einweihungsritus vor. Siehe dazu J. SCHMITZ 1975, 16.
[315] Vgl. RISTOW 1998, 80f.
[316] Da Paulinus von Nola die Ausrichtung nach Osten als „gebräuchliche Sitte" ansieht, impli-ziert dies, dass er andere Orientierungen voraussetzt. Vgl. Paul. Nol. ep. 32, 13 (CSEL 29, 288).
[317] Lact. div. inst. 2, 9 (CSEL 19, 143): *Nam sicut lux orientis est, in luce autem uitae ratio uersatur, sic occidentis tenebrae sunt, in tenebris autem mors et interitus continetur. Deinde al-teras partes eadem ratione dimensus est, meridiem ac septentrionem, quae partes illis duabus societate iunguntur. Ea enim, quae est solis calore flagrantior, proxima est et cohaeret orienti, at illa quae frigoribus ac perpetuo gelu torpet, eiusdem est cuius extremus occasus. Nam sicut contrariae sunt lumini tenebrae, ita frigus calori. Ut igitur calor lumini est proximus, sic meri-dies orienti, ut frigus tenebris, ita plaga septentrionalis occasui.*

bzw. den Jordan"[318] im Süden aus der Kreuzpiszine und blickt der Parusie entgegen.[319] Dennoch bleibt die Möglichkeit offen, dass kein Durchschreiten stattgefunden hat und das Becken wieder an der Einstiegsstelle verlassen wurde.

Bereits Andreas PÜLZ bemerkt in seiner Dissertation die mehrheitliche Nord-Süd-Ausrichtung der erhaltenen Taufbecken in Bosnien und der Herzegovina.[320] Neben den Pizinen in Bare, Cim, Crvenića, Dikovača, Mogorjelo und Vinjani weisen auch jene in Srima/Priža, Trbounje/Čupići, Stari Grad (Hvar) und Povlja (Brač) Einstiege im Norden auf. Kreuzpiszinen, die wie kreisförmige bzw. polygonale Becken, allseitig begehbar waren, findet man in Polača/Bičina, Nerezi, Žitomislići, Dabravine, Lepenica und Mujdžići (Abb. 129).[321]

Das episkopale Baptisterium in Zadar stellt nicht nur aufgrund seiner Architektur einen Sonderfall dar, zudem verfügt es als einzige Taufanlage im Untersuchungsgebiet ausschließlich über Stufen im Osten. Steht der Taufspender nun im Süden, jener Himmelsrichtung aus der das Kommen Christi erwartet werde, kann der Presbyter bzw. Bischof mit der rechten Hand den φωτισμός einleiten. Der Neophyt müsste dann erneut die Treppe im Osten benutzen um zur Rechten des Taufspenders aus dem Becken zu

---

[318] Vgl. Ambr. sacr. 1, 12 (*FC* 3): *Quid praecipuum quam quod per mare transivit Iudaeorum populus, ut de baptismo interim loquamur? Attamen qui transierunt Iudaei, mortui sunt omnes in deserto. Ceterum qui per hunc fontem transit, hoc est a terrenis ad caelestia, [...] non moritur, sed resurgit*; Dazu ausführlich SCHMITZ 1975, 159f.; F. J. DÖLGER, Der Durchzug durch das Rote Meer als Sinnbild der christlichen Taufe. Zum Oxyrhynchus-Papyrus Nr. 840. *AuC* 2 (1930) 63-69; DERS., Der Durchzug durch den Jordan als Sinnbild der christlichen Taufe. *AuC* 2, 70-79.

[319] Für Hieronymus findet der *secundus adventus* vom Süden her statt. Vgl. Hier. comm. in Hab. 2, 3 (*PL* 25, 1311 A): *Deus ergo ab Austro veniet, id est a meridie, a clara luce, et ab his qui appellantur filii dierum*. Siehe dazu A. STROBEL, *Untersuchungen zum eschatologischen Verzögerungsproblem: auf Grund der spätjüdisch-urchristlichen Geschichte von Habakuk 2,2 ff.* (*SNT* 2). Leiden 1961, 157.

[320] PÜLZ 1993, 160-167.

[321] DERS. 1994, 309.

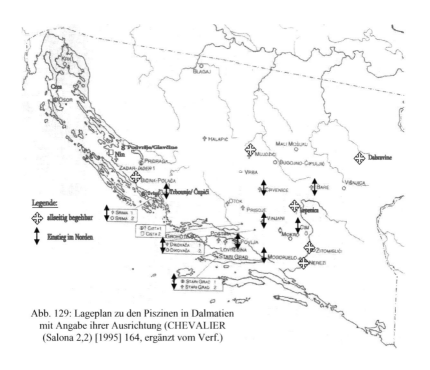

Abb. 129: Lageplan zu den Piszinen in Dalmatien
mit Angabe ihrer Ausrichtung (CHEVALIER
(Salona 2,2) [1995] 164, ergänzt vom Verf.)

steigen (Abb. 130). Neben dem symbolischen Gehalt der Himmelsrichtun-
gen galt die rechte Seite, in Anlehnung an die Hand Gottes, als besonders
kraftvoll.[322] Ambrosius erwähnt nachdrücklich, dass die rechte Seite für die
Heiligen vorgesehen sei.[323] Taufdarstellungen, bei der die rechte Hand des
Täufers den Kopf des Täuflings berührt, haben sich in den Katakomben SS.
Marcellino e Pietro und der Sakramentskapelle 2 (Abb. 131) in San Callisto

---

[322] Ex 15,6: Deine Rechte, Herr, ist herrlich an Stärke; deine Rechte, Herr, zerschmettert den
Feind; In der frühchristlichen Ikonografie fand dies stets Beachtung, sodass die Rechte als Hand
Gottes angegeben wurde; Siehe dazu M. KIRIGIN, *La mano divina nell'iconografia cristiana.*
(*SAC* 31). Vatikan 1976.
[323] Vgl. Ambr. ep. 22, 13 (*PL* 16, 1023); Siehe dazu O. NUSSBAUM, *Bewertung von links und
rechts in der römischen Liturgie* (*JbAC* 5). Münster 1962, 158-177; PÜLZ 1994, 313 weist darauf hin, dass der rechten Seite vermutlich eine höhere Bedeutung zukam als der Himmelsrichtung.

erhalten.[324]

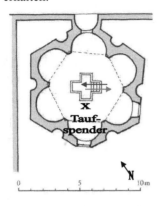

Abb. 130: Baptisterium (5. Jh.),
Grundriss, Petersbasilika, Zadar
(VEŽIĆ [2005] 41)

Abb. 131: Taufszene, Fresko,
Sakramentskapelle 2, Katakombe San
Callisto (PAVIA [2000] 210)

5.2.3. DEM BAPTISTERIUM ZUGEORDNETE NEBENRÄUME

Baptisterien waren relativ klein, sodass wohl das Ankleiden nach dem Taufakt und die Salbung des Neophyten in angrenzenden Räumen stattfanden. Da sich keine epigrafischen Quellen erhalten haben, welche die Existenz, Lage und Ausstattung eines *exorcisterium, consignatorium* oder *katechumeneion* erörtern, kann nur der archäologische Befund herangezogen werden.[325] Viele Zuordnungen sind jedoch ohne eindeutige Evidenz erfolgt, so etwa jene des Saalbaus II,1 im iadertinischen Kirchen-

---

[324] Ein literarischer Beleg dafür ist mit der Pfingstpredigt des Petrus gegeben. Apg 2,33: Nachdem er durch die rechte Hand Gottes erhöht worden war und vom Vater den verheißenen Heiligen Geist empfangen hatte, hat er ihn ausgegossen, wie ihr seht und hört; Zu den frühchristlichen Denkmälern siehe R. PILLINGER, Die Bedeutung der frühchristlichen Denkmäler. *Heiliger Dienst* 48 (1994) 294-297.

[325] Siehe dazu J. G. DAVIES, *TRE* 5 (1980) Sp. 203-205 s. v. Baptisterium. 3. Nebenräume; F. SÜHLING, *RAC* 3 (1957) Sp. 303-306 s. v. Consignatorium; RISTOW 1998, 13-25.

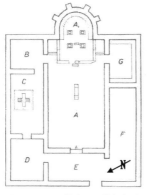

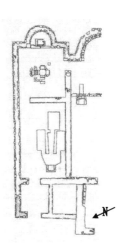

Abb. 133:
Baptisterium mit
Nebenraum, Grund-
riss, Kirchengruppe,
Trbounje/Čupići
(ZANINOVIĆ [2008]
531 Abb. 2)

Abb. 132: Nördliche Saalkirche (5. Jh.),
Grundriss, Prižba/Srima (GUNJAČA
[2005] 18 Abb. 9)

komplex. Das Hirsche-am-Wasser-Mosaik im vorderen Teil des Raumes stellt kein spezifisches Merkmal für ein Katechumeneion dar. In diesem Fall bleibt die Funktionszuweisung unsicher.[326]

Aufgrund des Raumkonzepts und der erhaltenen Zugänge zum Baptisterium in Srima/Prižba kann ein Vestibül (D) und ein Multifunktionsraum (F) rekonstruiert werden, der bis zum Umbau Mitte des 6. Jhs. zur Unterweisung oder als Warteraum verwendet wurde (Abb. 132). In Ivinj würde sich der Vorraum zumindest als Apodyterium anbieten. Der Nachweis eines *consignatorium* in Trbounje/Čupici scheint jedoch nicht erfolgversprechend (Abb. 133), zumal Reste einer Mensabodenplatte im Baptisterium freigelegt wurden. Außer Handtüchern, Taufgewändern und Krügen ist die Beistellung von χρῖσμα auf einem solchen Tischchen durchaus denkbar. Somit kann eine postbaptismale Salbung direkt vor Ort erfolgt sein. Falls ein Presbyter die Taufe durchgeführt hatte, musste die *consignatio* bei

---

[326] Vgl. VEŽIĆ 2013, 32-34.

der nächsten Visite des zuständigen Bischofs stattfinden.[327] Für den westlich angrenzenden Raum wäre die Nutzung als Warte- oder Umkleideraum eine Option. Die dort aufgedeckten Gräber demonstrieren, wie begehrt es war, sich in der Nähe des Baptisteriums bestatten zu lassen. Besonders die Nähe zu Martyrergräbern ist signifikant für Taufanlagen.[328]

5.2.4. TABELLARISCHE ÜBERSICHT

Objekt Datierung	Baptisterium Form [Lage] / Zugang	Piszine Form [Lage] / Zugang	Katechumeneion? Form [Lage] / Zugang
ZADAR – KOMPLEX- BASILIKA A. 5. Jh.	Nischenhexagon, ummantelt [S] 10,5 Zugang: Kirchenschiff [N] außen [O]	kreuzförmig [M] 2 x 2 / Tiefe 1,5 Einstieg: über 3 Stufen [O]	Saalbau II,1 [O] 15,3 x 11,2 mit Apsis Zugang: Kirchenschiff [N] außen [O], [S]
NIN – SAAL- KIRCHEN- KOMPLEX A. 6. Jh.	rechteckig [N] 5,1 x 3,4 Zugang: Kirchenschiff [S]	rechteckig 1,75 x 1,0 Lage: an der Außenwand [N]	-
PRIDRAGA – SAALKIRCHEN- KOMPLEX 2. H. 6. Jh.	Oktogon [S] 3,8 mit gelängter Apsis im [O] Zugang: Vorraum [N]	hexagonal [M] 1,4	-
GALOVAC/ CRKVINA – SAAL- KIRCHEN- KOMPLEX A. 6. Jh.	l-förmig [N] 5,7 x 7 / 4,8 x 2,8 Zugang: Kirchenraum [S]	nicht erhalten	-

---

[327] Zu Nebenräumen in Bosnien Herzegowina siehe PÜLZ 1994, 314-317.
[328] Für Johannes Chrysostomos vermittelt die Taufe die gleichen Gaben wie das Martyrium, und so hätten sich besonders Neophyten im Gedenken an Gräbern der Blutzeugen versammelt. Vgl. Joh. Chrys. catech. 3/6, 1-6 (*FC* 6, 2); R. BRÄNDLE, Johannes Chrysostomus. Die zehn Gaben (τιμαί oder δωρεαί) der Taufe. In: HELLHOLM u. a. 2011, 1239f.

Objekt Datierung	Baptisterium Form [Lage] / Zugang	Umbau Mitte 6. Jh.	Piszine Form [Lage] / Zugang	Umbau Mitte 6. Jh.	Katechumeneion? Form [Lage] / Zugang
IVINJ – DREI-SCHIFFIGE-BASILIKA M. 5. Jh.	trapezoid [N] 3,2 mit Apsis im [O] Zugang: Vorraum [S]	-	rund 0,7 Lage: aus der Raummitte leicht nach N/W verschoben	hexagonal 0,9 über runder Piszine [N/W]	Vorraum geteilt in 2 Bereiche
PODVRŠJE/ GLAVČINE – SOG. DOPPEL-KIRCHE 2. H. 5. Jh.	rechteckig [S] 5 x 4 Zugang: Kirchen [N] außen [W]	5 x 6	kreuzförmig 2,7 x 2,7 Lage: aus der Raummitte leicht nach O verschoben Einstieg: über 2 Stufen [S]	oktogonal 1,5 über kreuzförmiger Piszine [O]	-
PRIŽBA/ SRIMA – SOG. DOPPEL-KIRCHE 2. H. 5 Jh.	rechteckig [N] 7,6 x 3,9 Zugang: Diakonikon [O] Vorraum [W]	Apsis [O] Baldachin über Becken + Kirchenraum [S]	kreuzförmig 2 x 2 / T: 0,77 Lage: aus der Raummitte leicht nach N verschoben Einstieg: über 3 Stufen [N]	rund 1,5 Tiefe 0,67 Lage: über kreuzförmiger Piszine	rechteckig 11,7 x 3,2 Zugang: Narthex [W] Umbau: Zisterne
TRBOUNJE/ ČUPIĆI KIRCHEN-GRUPPE M. 6. Jh.	rechteckig [N] 4,5 x 4,5 mit Apsis [O] Zugang: Vorraum [W] Presbyterium [S]	-	kreuzförmig [M] 2 x 2 / Tiefe 0,7 Einstieg: über 2 Stufen [N]	-	rechteckig 7,5 x 4,6 Zugang: Vorraum [W]
POLAČA/ BIČINA* – KIRCHEN-GRUPPE 6. Jh.	quadratisch [N/O] Zugang: Kirchenraum [S]	-	kreuzförmig [M] 2 x 2 / Tiefe 0,7 Einstieg: über 2 Stufen [allseitig]	-	-

Alle Maßangaben (innen) in Meter

* Altgrabung (1913) – teilweise zerstört (Erdkonservierung),

5.3. Innenausstattung.
Erhaltung, Charakteristika und Chronologie

Zur verlässlichen Ansprache eines Saales als christliche Kirche sind verschiedene Elemente der Innenausstattung unabdingbar. Zudem gibt die Möblierung Hinweise auf die darin stattfindende Liturgie.

In Kombination mit der Bauform und ihrer Zeitstellung kann aus Material und Position der Innenarchitektur trotz der oft fragmentarischen Erhaltung auf den Wandel im Gottesdienst geschlossen werden. Austausch oder Umbau einzelner Elemente zu verschiedenen Zeiten führen zu chronologischen Diskrepanzen, die bei der Rekonstruktion des Ablaufs und der Entwicklung christlicher Praktiken zu berücksichtigen sind.

Auch die geografische Lage Dalmatiens, seit jeher eine vielen Einflüssen aus Ost und West ausgesetzte Transitzone, spielt eine Rolle.

Im Untersuchungsgebiet ist nur wenig von der liturgischen Ausstattung der Räumlichkeiten erhalten geblieben. Zudem erweist sich der Publikationsstand als lückenhaft. Trotzdem haben Branka MIGOTTI, Jasna JELIČIĆ-RADONIĆ, Pascal CHEVALIER und Pavuša VEŽIĆ eine fundierte Grundlage zur Erörterung und chronologischen Einordnung des Vorhandenen geschaffen.[329]

---

[329] B. MIGOTTI, Dekorativna ranokršćanska plastika jaderskog i salonitanskog područja. Temeljne osobine i međusobne razlike. *Diadora* 13 (1991) 291-312; J. JELIČIĆ-RADONIĆ, Liturgical installations in the Roman province of Dalmatia. *HAM* 5 (1999) 133-145; CHEVALIER (Salona 2,1) 1995, 117-158; P. VEŽIĆ, Ranokršćanski reljefi i arhitektonska plastika u Zadru i na zadarskome području – prilog poznavanju ranokršćanske skulpture u Dalmaciji. *Diadora* 22 (2007) 119-158.

5.3.1. ALTAR

Grundelement für die Eucharistiefeier ist ein Altartisch (τράπεζα κυ-

ρίου).[330] Auf ihm wird die Wandlung

von Brot und Wein in Fleisch und Blut

Christi beim letzten Abendmahl (Abb.

134) wiederholt.[331]

Bis zur Konstantinischen Wende wurde

die Eucharistie im privaten Ambiente ge-

feiert. Dazu trugen die Diakone einen

Holz- oder Bronzetisch in den für den

Gottesdienst vorgesehenen Raum.[332] In

Abb. 134: Das letzte Abendmahl,
Christologischer Zyklus, Detail,
Mittelschiffmosaik, Sant' Apollinare
Nuovo, Ravenna (Foto: Verf.)

den ersten Jahrzehnten nach der Konstantinischen Wende blieben tragbare

Altäre weiterhin der liturgische Standard, bis sich nach und nach die ro-

---

[330] 1 Kor 10,21: οὐ δύνασθε ποτήριον κυρίου πίνειν καὶ ποτήριον δαιμονίων, οὐ δύνασθε τρα-πέζης κυρίου μετέχειν καὶ τραπέζης δαιμονίων (*Novum testamentum Graece*, Stuttgart [27]2007). Für weitere Bezeichnungen vgl. K. WESSEL, RBK 1 (1966) Sp. 111f. s. v. Altar; J. BRAUN, *Der christliche Altar in seiner geschichtlichen Entwicklung 1. Arten, Bestandteile, Altargrab, Weihe, Symbolik.* München 1924, 21-42.

[331] Gemäß Mt 21,42 galt die *mensa domini* als Eckstein der Gemeinde und steht für die Ver-sinnbildlichung Christi. Vgl. M. CZOCK, Gottes Haus. Untersuchungen zur Kirche als heiligen Raum der Spätantike bis ins Frühmittelalter (*Millennium* 38). Berlin – Boston 2012, 33-39; Über den Augenblick der Gabenweihe: Joh. Chrys. sac. 6, 4 (*BKV* 1, 27): [...] das ganze Hei-ligtum und der Raum um den Altar ist angefüllt mit himmlischen Heerscharen, dem zu Ehren, der auf dem Altare (τὸ θυσιαστήριον) liegt. Dazu vgl. N. GIHR, *Das heilige Meßopfer: dog-matisch, liturgisch und aszetisch erklärt.* Freiburg im Breisgau 1922, 81-84, 205. Zur Symbolik des Altars siehe BRAUN (1) 1924, 750-755.

[332] Die Form des frühchristlichen Altares entspricht der eines Mahltisches, aber im Rahmen der Liturgie wird er zum sakralen Ort. Siehe dazu den Vortrag von Stefan Heid: http://www.sum-morum-pontificum.de/themen/tradition-und-kultur/281-der-fruehchristliche-altar-lehren-fuerheu te.html (zuletzt eingesehen am 16.09.2015); A. GERHARDS, Der christliche Altar. Opferstätte oder Mahltisch? In: DERS. – K. RICHTER (Hg.), *Das Opfer.* Freiburg im Breisgau 2000, 272-285.

bustere Steinkonstruktion durchsetzt.[333]

Steinerne Altartische waren häufig mit einer Bodenplatte versehen. Archäologische Befunde von eingelassenen Mensabodenplatten belegen, dass fest installierte Altäre (*altaria fixa*) ab dem Ende des 4. Jhs. vermehrt in Gebrauch kamen. Jedoch fehlt dieser frühe Nachweis im Untersuchungsgebiet sogar bei der Peterskirche in Zadar. Erklären lässt sich dies durch die spätere Umwidmung des Gebäudes in ein Baptisterium und die damit einhergehende Entfernung des Altars. Gebräuchlich war der klassische Tischaltar im Westen, wie in der Felicianus Basilika von Pula, in Sant'Apollinare Nuovo in Ravenna, aber auch in Nordafrika (Timgad, Tebessa) und Griechenland (Nea Anchialos, Thasos).[334]

Abb. 135: Tischaltar, Kuppelmosaik, Detail, Baptisterium der Orthodoxen, Ravenna (Foto: Verf.)

Die ursprüngliche Form ist die eines vierbeinigen Tisches mit einer Marmorplatte (Abb. 135). Die *mensa* (73 x 57 x 8 cm) aus der Saalkirche in Prižba/Srima[335] aus der 2. Hälfte des 5. Jhs. weist einen erhöhten, leicht

---

[333] BRAUN (1) 1924, 102 belegt ephemere Altartische für Nordafrika in der zweiten Hälfte des 4. Jhs. Ein Holzaltar, der einst in der Sergioskirche von Babylon/Alt Kairo stand, befindet sich heute im Koptischen Museum. Siehe G. GABRA, Cairo. *The coptic museum - Old churches.* Kairo 1993, 93 Taf. 38. Historisch sind hölzerne *mensae* bei Athan. Hist. Arian. 56 und Aug. c. Cresc. 3,42 überliefert. Vgl. A. STUIBER, *TRE* 3 (1978) 308f. s. v. Altar II. Alte Kirche.

[334] Siehe dazu im Detail J. JELIČIĆ-RADONIĆ 1999, 136; M. MAZZOTTI, Gli altari paleocristiani degli edifici di culto ravennati. In: *CARB* 2. *Ravenna* 27.3.–8.4.1960. Ravenna 1960, 238-246; P. GROSSMANN, *Christliche Architektur in Ägypten* (*HdO. Erste Abteilung. Der Nahe und der Mittlere Osten* 62). Leiden 2001, 125-127; J.-P. SODINI – K. KOLOKOTSAS, *Aliki 2. La basilique double* (*EFA. Etudes Thasiennes* 10). Athen 1984, 17-24, Abb. 14-23.

[335] Zur Beschreibung der Altarfragmente und ihrer Zusammensetzung: D. MARŠIĆ, Skulptura. In: GUNJAČA u. a. 2005, 101f., 131-134 (Katalog).

Abb. 136: Altarplatte, Saalkirche
Prižba/Srima, Stadtmuseum Šibenik
Depot (Gunjača [2005] 131 Kat. Nr. 20)

Abb. 137: Tischaltar, Rekonstruktion,
Saalkirche Prižba/Srima (GUNJAČA [2005]
101 Abb. 22)

vorstehenden profilierten Rand auf (Abb. 136) wie jene aus der Johanneskirche in Stari Grad/Hvar, Gata, Sutivan und Postira auf der Insel Brač sowie Kapljuč und Marusinac in Salona.[336]

Die ebenfalls aus Marmor gearbeiteten *stipites* (92 x 12,5 cm) wurden mit
Kapitellen und Säulenbasen ausgestattet (Abb. 137), deren Ausnehmungen
sich in der Bodenplatte abzeich-
nen.

Von der Bodenplatte (140 x 70 x
20 cm) des frühchristlichen Altar-
tisches aus der sog. Doppelkirche
in Podvršje/Glavčine (6. Jh.) hat
sich der größte Teil erhalten (Abb.
138).[337] Die fünfte Nut in der Mit-

Abb. 138: Mensabodenplatte mit Säulenschaft-
fragmenten des Ziboriums, Sog. Doppelkirche
Podvršje/Glavčine (Foto: J. BARAKA
PERICA)

te könnte entweder ein nicht tragendes Tischbein mit Reliquiennische auf-

---

[336] Für eine Übersicht der erhaltenen Altarplatten in Dalmatien siehe J. JELIČIĆ-RADONIĆ,
Altar types in early Christian churches in the province of Dalmatia. *HAM* 11 (2005) 21f. Abb. 1,
2. Vgl. DIES., Crkveni namještaj. In: BELAMARIĆ (Hvar) 1994, 51f.; V. KOVAČIĆ, Postira.
In: BELAMARIĆ (Brač) 1994, 42-49; D. DOMANČIĆ, Sutivan. In: BELAMARIĆ 1994
(Brač), 64-66; J. JELIČIĆ-RADONIĆ, Ranokršćanski oltar u Gatima. *PrilPuD* 31 (1991) 5-12.
[337] A. UGLEŠIĆ – J. BARAKA 2008, 1211.

Abb. 139: Mensabodenplatte, Marienkirche,
Brioni (Foto: A. PÜLZ)

Abb. 140: Blockaltarfragment,
Euphrasius-Basilika, Poreč
(Foto: Verf.)

genommen haben oder als *sepulcrum* gedient haben.[338] Im bosnischen Borasi und in der Marienkirche von Brioni (Istrien) ist das nachgewiesen. Hier ist der Altarsockel (Abb. 139), abgesehen von der Einlassungen für Pilaster an den Ecken, mit einer seichten, leicht aus der Mitte versetzten Vertiefung von 13,5 x 8 cm versehen. Die vorgefundenen Verankerungen aus Metall dienten zur Anbringung einer Verschlussplatte,[339] unter der Reliqui-

---

[338] Ursprünglich wurden die Reliquien im Boden unter dem Altar oder in dessen Sockelplatte beigesetzt. Ab dem 6. Jh. wurde es gebräuchlich, sie an der Stipesfront oder in ihm zu verwahren. Vgl. BRAUN (1) 1924, 545-547, 586-588, 599-561. Initiiert wurde diese Praxis von Ambrosius in 4. Jh. Vgl. Ambr. ep. 22, 13 (*PL* 16, 1066). Der erste Bezug auf das Altargrab findet sich in Offb 6,9: Als das Lamm das fünfte Siegel öffnete, sah ich unter dem Altar die Seelen aller, die hingeschlachtet worden waren wegen des Wortes Gottes und wegen des Zeugnisses, das sie abgelegt hatten (*Die Bibel. Einheitsübersetzung der Heiligen Schrift.* Stuttgart 2012).

[339] F. GLASER, Reliquiengräber - Sonderbestattungen der Spätantike. *Arh. Vest.* 48 (1997) 244; Anton Gnirs, der 1906-1907 die ersten Grabungen in der Marienkirche vorgenommen hatte, tendierte aufgrund der Mensaplattenform zu einer Datierung in das 4./5. Jh. Vgl. A. GNIRS, Baudenkmale aus der Zeit der oströmischen Herrschaft auf der Insel Brioni grande (*JA* 5). Wien 1911, 84-86; Bisher wurde dies in der Forschung nicht widerlegt. Siehe A. VITASOVIĆ, Crkva Sv. Marije kasnoantička crkva 5. st. - bizantinska bazilika 6. st. *HistriaA* 34 (2003) 77-84 (Dekoracija/Baudekor) und V. BEGOVIĆ – I. DVORŽAK SCHRUNK – I. TUTEK, Crkva Sv. Marije, građena uz castellum u uvali Madona, Brijuni, Kasnoantičko i bizantsko razdoblje. *Prilozi* 24 (2007) 234f.

en aufbewahrt wurden. Ab dem 5./6. Jh. kam parallel zur Tischform der geschlossene Blockaltar auf. Im Lapidarium der Euphrasius-Basilika befindet sich ein Beispiel, welches ab 532 in der zentralen Apsis stand (Abb. 140). Darin waren die Reliquien des Hl. Maurus untergebracht.[340] In Anlehnung daran verfügte der Blockaltar in Gata über eine *fenestella confessionis* (Abb. 141).[341]

Abb. 141: Blockaltar mit *fenestella confessionis*, Rekonstruktion, Frühchristliche Kirche, Gata (JELIČIĆ RADONIĆ [1991] 17)

Oft befand sich in Memorialkirchen unter dem Altar oder in der Nähe des Bema eine Reliquienkammer.[342] Ob es sich bei der rechteckigen Ausnehmung unter der Mensabodenplatte in der dreischiffigen Basilika von Ivinj tatsächlich um eine *confessio* handelt, bleibt offen (Abb. 142).[343] Unstrittig sind die Befunde aus der Basilica Orientalis in Salona, Gata, Baćina, Cim und die kreuzförmigen

Abb. 143: *Confessio*, Bema, Basilika, Sepen/Krk (Foto: Verf.)

Abb. 142: Bema mit rechteckiger Ausnehmung unter dem Altar, Dreischiffige Basilika, Ivinj (Foto: Verf.)

---

[340] Vgl. S. JELENIĆ – G. BENEDETTI, *Eufrazijeva Bazilika*. Poreč 2013, 80f.
[341] JELIČIĆ-RADONIĆ 1991, 12-18 vergleicht den Blockaltar aus Gata mit jenem aus der Euphrasius-Basilika und Sant'Apollinare in Classe.
[342] F. W. DEICHMANN, Martyrion, Memoria und Altargrab. *RömMitt.* 77 (1970) 144-169.
[343] M. ZORIĆ, Ivinj. Ranokršćanska bazilika s krstionicom. *ObavijestiHAD* 31,3 (1999) 103-108.

loculi in Sepen auf Krk (Abb. 143) sowie Novalja auf Pag[344], Stari Grad auf Hvar und Povlja sowie Lovrečina auf Brač.[345] Der Brauch, Reliquien beim Altar zu deponieren, ist im Zusammenhang mit der Positionierung einer Grabkammer unter dem Bema

Abb. 144: Grabkammer unter dem Bema, Saalkirche Trbounje/Čupići (Foto: Verf.)

der Saalkirche von Trbounje in Čupici zu sehen (Abb. 144).[346]

Zur deutlichen Hervorhebung des Standortes konnte um den Altar ein Ziborium errichtet werden.[347] In Podvršje/Glavčine und Prižba/Srima (Abb. 145) hat sich die Verankerung der Säulen erhalten.[348] Ausgrabungen erbrachten Teile des Säulenkranzes zur Aufhängung der Kuppel (Abb. 146).

In der Regel stand der Altar im Bema in zentraler Achse zur Apsis vor der

---

[344] Die Memoria wurde bei Grabungsarbeiten 1971 rund um die barocke Marienkirche in Novalja/Pag freigelegt, welche neben einem Holzreliquiar mit bronzenem Kästchenbeschlag drei weitere Gefäße mit sterblichen Überresten enthielt. Zur Rekonstruktion einer möglichen Deponierung siehe J. BARAKA, A proposito dei reliquiari paleocristiani di Pola e di Novalja. In: E. MARIN – D. MAZZOLENI (Hg.), *Il Cristianesimo in Istria fra tarda antichità e alto medioevo. Novità e riflessioni. Atti della giornata tematica dei Seminari di Archeologia Cristiana. Rom 8.3.2007.* Vatikan 2009, 187-207. Von der frühchristlichen Architektur aus der ersten Hälfte des 4. Jhs. sind noch Teile der Apsis mit Mosaiken und Mauerzungen *in situ* erhalten. Dazu im Detail I. FADIĆ, Novaljski relikvijari. *Diadora* 15 (1993) 157-173.

[345] Einen Überblick zu den Reliquiengräbern bieten JELIČIĆ-RADONIĆ 1999, 137f.; P. CHEVALIER, Les installations liturgiques des églises d'Istrie du Ve au VIIe siècle. *HAM* 5 (1999) 105-117; DIES. (Salona 2,2) 1995, 135-144. Im Detail siehe PAVIĆ 2004, 82f.; N. NOVAK, Le choeur de l'église paléochrétienne de Mirine près d'Omišalj sur l'île de Krk. *HAM* 5 (1999) 127-129 Abb. 15-17; JELIČIĆ-RADONIĆ, Arheološka istraživanja ranokršćanskog sklopa crkve Sv. Ivana. In: BELAMARIĆ (Hvar) 1994, 14f.; DIES., Lovrečina. In: BELAMARIĆ (Brač) 1994, 34-36; D. DOMANČIĆ, Povlja. In: BELAMARIĆ (Brač) 1994, 20f.; JELIČIĆ-RADONIĆ 1991, 5-12.

[346] J. ZANINOVIĆ, Ranokršćanski sakralni kompleks „Crkvina" u selu Trbounje kod Drniša. *ArchAdriatica* 2,2 (2008) 538 f. Abb. 9, 10.

[347] T. KLAUSER – A. ALFÖLDI – A. M. SCHNEIDER, *RAC* 3 (1957) Sp. 68-86 s. v. Ciborium; JELIČIĆ-RADONIĆ 1999, 138 f.; P. CHEVALIER (Salona 2,2) 1995, 149-151.

[348] UGLEŠIĆ – BARAKA 2013, 1210f.; D. MARŠIĆ, Skulptura. In: GUNJAČA u. a. 2005, 132-134 (Katalog).

Abb. 145: Altarraum mit Verankerungsplatten des Ziboriums, Sog. Doppelkirche, Prižba/ Srima (Foto: Verf.)

Abb. 146: Tischaltar mit Säulen des Ziboriums, Podvršje/Glavčine, Rekonstruktion, Universität Zadar

Apsiskalotte entweder direkt unter dem Triumphbogen oder in dessen Nähe.

5.3.2. PRIESTERBANK, KATHEDRA UND AMBO

Das Presbyterium durfte ausschließlich vom Klerus und den bei der Liturgie assistierenden Gehilfen betreten werden. Zur Betonung der Trennung zwischen Laien und Klerus wurde der Bereich an allen freien Seiten mit Schrankenplatten abgegrenzt. Der Klerus nahm während des Wortgottesdienstes an einer erhöhten Stelle Platz,[349] auf einer halbkreisförmig angeordneten Bank im hinteren Teil des Altarraumes.[350]

Abb. 147: Synthronon, Saalkirchenkomplex, Trbounie/Čupići (Foto: Verf.)

---

[349] Aug. serm. 91, 5 (*PL* 38, 569): *Oportet itaque ut in congregatione Christianorum praepositi plebis eminentius sedeant.*
[350] Vgl. C. DELVOYE, *RBK* 1 (1966) Sp. 583-599 s. v. Bema; A. M. SCHNEIDER, *RAC* 2 (1954) Sp. 129f. s. v. Bema.

Abb. 148: Reste der freistehenden
Priesterbank mit *deambulatorium*,
Marienkirche, Novalja/Pag (Foto: Verf.)

Abb. 149: Freistehende Priesterbank,
Presbyterium, Episkopalbasilika, Salona
(Foto: Verf.)

In Saalkirchen, Komplexbauten oder Kirchengruppen des betrachteten Gebietes kommt vornehmlich ein der Apsisrundung angepasstes Synthronon vor (Abb. 147).[351] Freistehende Priesterbänke stellen in Dalmatien eher die Ausnahme dar. In der frühchristlichen Marienkirche von Novalja/Pag (Abb. 148), der Johannes Evangelist-Basilika in Rab und den episkopalen Basiliken von Zadar und Salona (Abb. 149) konnte zudem festgestellt werden, dass die Priesterbank ein *deambu-lacrum* umgab.[352] In der dreischiffigen Basilika von Ivinj stand das Bema von der Abschlussmauer weggerückt, jedoch verhinderte die eingezogene Mauer zwischen Bema und Rückwand einen Umgang.[353]

Oft besaß die Priesterbank im Zentrum

Abb. 150: Synthronon und Kathedra
mit *suppedaneum*, Südliche Saalkirche, Podvršje/Glavčine
(Foto: J. BARAKA PERICA)

---

[351] Für eine Übersicht zu den relevanten Bauwerken in Dalmatien und Istrien siehe P. CHE-VALIER (Salona 2,2) 1995, 117-127, DIES., Les sièges du clergé et des fidèles dans les églises paléochrétiennes de Dalmatie. *VAHD* 83 (1990) 61-82; DIES., Les installations liturgiques des églises d'Istrie du 5ᵉ au 7ᵉ siècle. *HAM* 5 (1999) 109f.
[352] Siehe dazu E. DYGGVE, Über die freistehende Klerusbank. Beiträge zur Geschichte des Bema. In: FS Rudolf Egger. Klagenfurt 1952, 41-52; VEŽIĆ 2005, 134f.; DERS. 2013, 29; PAVIĆ 2004, 99.
[353] ZORIĆ 1999, 106.

Abb. 151: Priesterbank mit Kathedra, Dreischiffige Basilika,
Ivinj (Foto: Verf.)

eine κάθεδρα[354] mit *suppedaneum* (Abb. 150), wie in Ivinj (Abb. 151) und

Podvršje/Glavčine. Dieser thronartige Stuhl
stand für die apostolische Amtsvollmacht und
war dem Zelebranten vorbehalten. Erhalten haben sich hauptsächlich Stein- und Ziegel-
konstruktionen (Abb. 152) oder vereinzelt auch
prunkvoll gearbeitete *cathedrae* aus Holz,
Metall und Elfenbein. Beispiele hierfür sind
die Kathedra Petri (Vatikan), die des Maximian[355] (Abb. 153) im erzbischöflichen Museum von Ravenna sowie jene in San Vitale.
Predigt sowie Lesungen konnten vom ἄμβων[356]

Abb. 152: Synthronon mit
Kathedra (5. Jh.), Santa
Maria delle Grazie, Grado
(Foto: Verf.)

[354] Erwähnung findet die Kathedra bereits in den frühen Kirchenordnungen: Didask. 12; Const.
apost. 2, 57, 3 (*SC* 320, 312). Vgl. E. STOMMEL, Die bischöfliche Kathedra im christlichen
Altertum. *MThZ 3* (1952) 17-32; M. ALTRIPP, Beobachtungen zu Synthronoi und Kathedren in
byzantinischen Kirchen Griechenlands. *BCH* 124 (2000) 377-412; J. DRESKEN-WEILAND –
W. DREWS, *RAC* 20 (2004) Sp. 629-632 s. v. Kathedra.
[355] Die Kathedra des Maximian in Ravenna aus dem 6. Jh. hat wohl aufgrund der filigranen Ausführung nie als Sitzgelegenheit gedient, sondern ist eher als Hetoimasia zu verstehen. Im Hin-
blick auf Christi baldige Wiederkehr wird in der Apokalypse (Offb 22,1-4) erwähnt, dass der er-
höhte Platz auf der Priesterbank für ihn reserviert bleibt. Dieser wurde im Zentrum des
Triumphbogens von Santa Maria Maggiore in Rom dargestellt.
[356] Die Bezeichnung Ambo leitet sich von ἀναβαίνειν ab. In den Aufzeichnungen des Paulus
Silentiarius über die Hagia Sophia kommt ebenso der Begriff πύργος vor. Vgl. W. PÜLHORN,
Paulos Silentiarios. Beschreibung der Kirche der Heiligen Weisheit und Beschreibung des Ambon. In: O. VEH, *Prokopios (Bauten* 5). München 1977, 362. Zur Bezeichnung und Funktion
siehe C. DELVOYE, *RBK* 1 (1966) Sp. 126f. s. v. Ambo; H. LECLERQ, *DACL* 1/1 (1924) Sp.
1330-1347 s. v. Ambo; A. M. SCHNEIDER, *RAC* 1 (1950) Sp. 363-365 s. v. Ambo.

Abb. 154: Bischof mit Klerus bei der Kreuz-
erhöhungsfeier auf einem Ambo, Miniatur auf
Goldgrund (um 1000), Menologion Basileios'
II., BAV, Vat. Gr. 1613, 35

Abb. 153: Elfenbeinkathedra des Maximian (6.Jh.), Museo
arcivescovile di Ravenna (BOVINI [2006] 119 Abb. 92)

(Abb. 154) aus an die Gläubigen gerichtet werden. Bei zwei Ambonen im
Kirchenraum diente der südliche der Verlesung der Epistel, der nördliche
der des Evangeliums, wie es in der Basilika Santa Maria in Cosmedin
(Rom) ab dem 10. Jh. der Fall war. Um die Lesungen von den Gesängen zu
trennen wurde in San Clemente al Laterano (Rom) zusätzlich ein weiterer
hinzugefügt. Stand nur ein Ambo zur Verfügung, so konnte er auch fallweise von Kantoren genutzt werden.

Das Vortragspult lateinisch Ambo, hebräisch Migdal (לדגמ) wurde aus der
jüdischen Liturgie übernommen. Das geht aus dem 8. Kapitel des Buches
Nehemia hervor. In der Unterweisung des jüdischen Volkes im mosaischen
Gesetz steht der Schriftgelehrte Esra auf einer eigens errichteten Kanzel
aus Holz.[357] Ein archäologischer Nachweis für Ambone aus Stein lässt sich
erst ab dem 5. Jh. erbringen und zwar vornehmlich im Einflussgebiet

---

[357] Neh 8,4.

Abb. 156:
Ambo mit
gegenüberlie-
genden Trep-
pen, Hagia
Sophia, Istanbul
(Foto: Verf.)

Abb. 155: Ambo, Sant' Apollinare Nuovo, Ravenna (Foto: Verf.)

Konstantinopels im östlichen Mittelmeerraum.[358]

Der verbreitetste Typus bestand aus zwei geraden, einander gegenüberliegenden Treppen, die zu einer runden bzw. polygonalen Plattform mit
Brüstung empor führten. Diese Grundform, bei welcher der Ambo longi-
tudinal im Mittelschiff platziert wurde, ist in Kleinasien, der Marien- und
Johanneskirche in Ephesos, der Bischofskirche von Limyra, der Michaelskirche in Milet sowie in Griechenland durch die Lechaion-Basilika von

---

[358] Der Ambo ist eine Weiterentwicklung des Migdal, in den frühchristlichen Kirchen von Syri-
en, Griechenland und Kleinasien verbreitet und mit Iustinian I. nach Westen gelangt. Vgl. Publi-
kationen der letzten Jahrzehnte mit der älteren Bibliografie: P. E. LEMERLE, *Philippes et la
Macédoine orientale à l'époque chrétienne et byzantine. Recherches d'histoire et d'archéologie*
(*BEFAR* 158). Paris 1945, 358-361; J. Jarry, L'ambon dans la liturgie primitive de l'Eglise.
Syria 40 (1963) 147-162; G. P. P. VRINS, De Ambon. Oorsprong en verspreiding tot 600. In: E.
VAN DER GRINTEN (Hg.), *FS F. van der Meer*. Amsterdam – Brüssel 1966, 11-55; J.-P. SO-
DINI, Note sur deux variantes régionales dans les basiliques de Grèce et des Balkans. Le tribè-
lon et l'emplacement de l'ambon. *BCH* 99 (1975) 581-588; E. KOURKOUTIDOU-NIKOLAI-
DOU, Les ambons paléochrétiens à Thessalonique et à Philippes. In: *CARB* 31. *Seminario internazionale di studi su "La Grecia paleocristiana e bizantina". Ravenna* 7.–14.4.1984. Ravenna 1984, 255-275; SODINI – KOLOKOTSAS 1984, 94-96; S. JAKOBS, *Die frühchristlichen
Ambone Griechenlands*. Bonn 1987; P. DONCEEL-VOÛTE, *Les pavements des églises byzan-
tines de Syrie et du Liban: décor, archéologie et liturgie* (*Publications d'histoire de l'art et
d'archéologie de l'Université catholique de Louvain* 69,1-2). Louvaine-La-Neuve 1988, 577-
585; J.-P. SODINI, L'ambon dans l'église primitive. *MD* 193 (1993) 39-51; CHEVALIER
(Salona 2,2) 1995, 153-157; I. PAVIĆ, Untersuchungen zu Liturgie und Ritus im spätantiken
Salona. Ambone und Fußwaschbecken. In: M. ALTRIPP – C. NAUERTH (Hg.), *Architektur
und Liturgie. Akten des Kolloquiums vom 25. bis 27.7.2003 in Greifswald* (*Spätantike - Frühes
Christentum - Byzanz. Reihe B. Studien und Perspektiven* 21). Wiesbaden 2006, 39-51.

Korinth belegt.[359]

Im Westen haben sich zwei Exemplare dieser Bauform in Ravenna erhalten, in der arianischen Kirche Spirito Sancto und Sant'Apollinare Nuovo (Abb. 155), und ein weiteres in Poreč.[360] Anders verhält es sich in der iustinianischen Hagia Sophia. Dort befand sich der Ambo (Abb. 156) ebenfalls in der Längsachse, jedoch leicht in Richtung Templon verschoben und war durch eine *solea* mit dem Bema verbunden.[361]

In der Küstenregion von Mittel- und Süddalmatien (Stari Grad/ Hvar, Srima/Prižba, Ston/Pelje-šac) war das zweitreppige *pulpitum* inmitten des Laienraumes aufgestellt.[362]

Abb. 157: Kirchenraum mit Resten des Ambosockels, Nordkirche, Srima/Prižba
(GUNJAČA [2005] 5)

Der Ambo (1,9 x 0,5 m) in der Kirchengruppe von Srima/Prižba steht sowohl im Nord- als auch im Südtrakt in einem Abstand von zirka zwei Metern vom Presbyterium (Abb. 157). Zahlreiche während der Ausgrabung Anfang der 1970er Jahre zutage getretene Oberbaufragmente erlauben eine

---

[359] A. DEGASPERI, *Die Marienkirche in Ephesos: die Bauskulptur aus frühchristlicher und byzantinischer Zeit* (*ErgÖJh* 14). Wien 2013; A. THIEL, *Die Johanneskirche in Ephesos* (*Spätantike - frühes Christentum - Byzanz. Reihe B. Studien und Perspektiven* 16). Wiesbaden 2005; U. PESCHLOW, Die Bischofskirche in Limyra, Lykien. In: *Actes du X. CIAC Thessalonique*, 28.9.–4.10.1980 (*SAC* 37). Thessaloniki 1984, 409-421; O. FELD, Milet 1973–1975. Vorbericht über die Arbeiten der Jahre 1973 und 1975. Bautypus und Ausstattung der Michaelskirche. *IstMitt* 27 (1977–1978) 117-125; Π. ΒΕΛΙΣΣΑΡΙΟΥ, Παλαιοχριστιανική βασιλική Λεχαίου. *Πρακτικά της εν Αθήναις Αρχαιολογικής Εταιρείας* 160 (2005) 107f.

[360] Einen Überblick zu den bekanntesten Vertreter dieser Bauform und Verweise auf weiterführende Literatur erhält man bei SODINI – KOLOKOTSAS 1984, 105-107; C. DELVOYE, *RBK* 1 (1966) Sp. 129-131 s. v. Ambo; CHEVALIER 1999, 110-113 (Istrien).

[361] Vgl. dazu PÜLHORN 1977, 361 und zur kreisförmigen Amboabschrankung siehe 367-369; R. H. W. STICHEL, Die Hagia Sophia Justinians, ihre liturgische Einrichtung und der zeremonielle Auftritt des frühbyzantinischen Kaisers. In: F. DAIM – J. DRAUSCHKE (Hg.), *Byzanz* (*Das Römerreich im Mittelalter* 2,1. *Schauplätze*). Wien 2010, 38-40.

[362] CHEVALIER (Salona 2,1) 1995, 449; DIES. (Salona 2,2) 1995, 156.

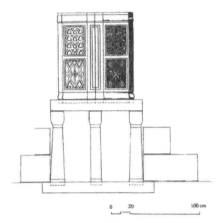

Abb. 158: Ambo aus dem Südtrakt der sog.
Doppelkirche von Srima/Prižba, Rekonstruktion
(GUNJAČA [2005] 112 Abb. 28)

Abb. 159: Teil des Parapets,
Kalkstein, Ambo aus dem Südtrakt der
sog. Doppelkirche von Srima/Prižba,
Rekonstruktion (GUNJAČA [2005]
107 Abb. 26)

Rekonstruktion des südlichen Ambos (Abb. 158). Auf die von drei Säulen getragene monolithische Plattform führten in Ost-West-Achse zwei Treppen hinauf. Das polygonale Parapet bestand aus mehreren an der Außenseite mit geometrischen Motiven und floralen Ornamenten verzierten weißen Kalksteinplatten zu je 103 x 50 x 10 cm (Abb. 159). Von der Verkleidung des aufgemauerten Unterbaus hat sich nichts erhalten.[363]

Entlang der oberen Adriaküste war der Ambo häufig mit nur einem Aufgang ausgestattet. In der Basilika der fünf Märtyrer von Kapljuć (Salona) stand der Ambo in unmittelbarer Nähe zum Presbyterium, so dass ein direkter Zugang erfolgen konnte. Die Konstruktion in Sant'Eufemia (Grado) verfügte über lediglich eine Treppe an der Nordseite. Um die Sicht auf den Altar nicht zu verstellen, wurde bei diesem Typus der Ambo in Richtung

---

[363] D. MARŠIĆ, Skulptura. In: GUNJAČA u. a. 2005, 106-116, 155-157 (Katalog).

einer der Säulenreihen des Mittelschiffes gesetzt.[364]

Häufig blieben nur wenige Teile des Ambos
erhalten. Deshalb sind diese zwei Varianten
schwer voneinander zu unterscheiden und ihr
ursprünglicher Standort nicht immer zu be-
stimmen.[365] Keine exakte Typologisierung
lässt sich bei den Brüstungsplatten aus der
Südbasilika von Marusinac, der Manastirine-
Basilika, dem Saalkirchenkomplex in Galo-
vac sowie der Marthakirche in Bijaći (Abb. 160) bei Trogir vornehmen.[366]

Abb. 160: Kalksteinplatten
des Ambo, Marthakirche/
Bijaći, Lapidarium, AMS
(Foto: Verf.)

5.3.3. *CANCELLI.*
DEKORATION UND FORM DER
PRESBYTERIUMABSCHRANKUNG

Obwohl sich nur wenige Schrankenplatten im Untersuchungsgebiet erhalten haben und oft der Nachweis im archäologischen Befund fehlt, kann
nicht ausgeschlossen werden, dass sie bereits als fester Bestandteil im Kirchenbau des 4./5. Jhs. vorhanden waren. Ein Indiz dafür findet sich in den
Aufzeichnungen des Eusebius von Caesarea. In seiner um 315 verfassten
Beschreibung der Kathedrale von Tyros erwähnt der Kirchenvater bei-

---

[364] C. DELVOYE, *RBK* 1 (1966) Sp. 127f. s. v. Ambo; PAVIĆ 2004, 125.
[365] Zur Typologie (Bauform und Platzierung) basierend auf den Ambonen Griechenlands siehe
JAKOBS 1987, 43-45; SODINI 1975, 585-587; DERS., Les dispositifs liturgiques des basiliques paléochretiennes en Grèce et dans les Balkans. In: *CARB* 31. Ravenna 1984, 452f.; Darauf
aufbauend: CHEVALIER (Salona 2,2) 1995, 153-156.
[366] Siehe dazu im Detail JELIČIĆ-RADONIĆ 1999, 140-142; PAVIĆ 2004, 125-127; J. BELO-
ŠEVIĆ, Osvrt na konačne ishode istraživanja položaja Crkvina di Galovacu kod Zadra. *Diadora*
18/19 (1997) 301-350.

läufig, dass den Altar kunstvoll verzierte hölzerne *cancelli*[367] umgaben, damit er „für die Menge unzugänglich sei".[368] Ihr Zweck war demnach die architektonische Abgrenzung des Presbyteriums, des geheiligten Ortes, für die Feier der Liturgie vom Laienraum.[369] Augustinus erklärt in einer Predigt, dass sich die Sündigen von der Kommunion fernhalten sollten, „damit sie nicht von den Schranken zurückgewiesen werden".[370] Dieser Einfriedungsgedanke ist kein genuin christlicher, denn lange vor der Konstantinischen Wende wurden in vielen Bereichen des öffentlichen Lebens Schrankenplatten zur Abgrenzung zweier Areale verwendet.[371] Das Oratiorelief am Konstantinbogen zeigt an der *rostra* am Forum Romanum Gitter zwischen den Hermenpfeilern (Abb. 161).

In theodosianischer Zeit zierten Schrankenplatten weiterhin profane Bauwerke. Einen Hinweis darauf liefert der reliefierte Sockel des Theodosiusobelisken (Abb. 162), auf

Abb. 161: Oratiorelief, Konstantinbogen, Rom
(Foto: Verf.)

dem die gitterförmige Einfassung der Kaiserloge im Hippodrom von Konstantinopel zu sehen ist.

---

[367] In seiner griechischen Schreibweise κάγκελλ(α)/-οι wurde der Ausdruck u. a. von Athanasius (*PG* 25, 229C) verwendet. Näheres dazu siehe C. DELVOYE, *RBK* 1 (1966) Sp. 900f. s. v. Cancelli.

[368] Eus. hist. eccl. 1, 10, 4, 44 (ed. E. SCHWARTZ – T. MOMMSEN, *GCS* 875); J. BRAUN, *Der christliche Altar in seiner geschichtlichen Entwicklung 2. Die Ausstattung des Altars, Antependien, Velen, Leuchterbank, Stufen, Ciborium und Baldachin, Retabel, Reliquien- und Sakramentsaltar, Altarschranken*. München 1924, 651.

[369] Vgl. T. F. MATHEWS, An early chancel arrangement and its liturgical function. *RACr* 38 (1962) 73-95.

[370] Aug. serm. 392, 5, 5 (*PL* 39, 1712): *A communione se cohibeant, qui sciunt quia novi peccata ipsorum, ne de cancellis proiiciantur.* Zur Aufstellung der Gläubigen um den Altar vgl. S. HEID, Gebetshaltung und Ostung in frühchristliche Zeit. *RACr* 82 (2006/2007) 388-391.

[371] Im Detail dazu siehe A. M. SCHNEIDER, *RAC* 2 (1954) 837f. s. v. Cancelli.

Abb. 162: Sockelrelief, Obelisk des Theodosius, Istanbul (Foto: Verf.)

Dekorvarianten

a) Gittermuster:

An Vorbildern der Toreutik- und Holzkonstruktionen orientiert sind die Steinplatten mit Gittermuster der Peterskirche des 4./5. Jhs. von Zadar (Abb. 163).[372] Ein Meter hohe Kalksteinplatten mit flachem Gitterrelief im profilierten Rahmen teilten Kirchenraum und Presbyterium über die gesamte Breite. Ähnlich ausgearbeitet sind auch die Schrankenplattenfragmente aus Kašić – Dražica/Podarica.[373] Befestigt wurden die *cancelli* an mit Nuten versehenen Pilastern. Die Säulchenschrankenplatten aus Manastirine (Abb. 164)[374] unterstreichen die Nachahmung von Holz- oder Metallbarrieren bis in iustinianische Zeit.[375]

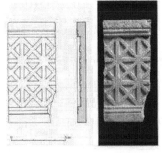

Abb. 163: Schrankenplattenfragment mit Gittermuster, Peterskirche, Zadar AMZd Depot (VEŽIĆ [2005] 23)

---

[372] P. VEŽIĆ, Ranokršćanski reljefi i arhitektonska plastika u Zadru i na zadarskome području – prilog poznavanju ranokršćanske skulpture u Dalmaciji. *Diadora* 22 (2007) 122.
[373] UGLEŠIĆ 2006, 15f.
[374] PAVIĆ 2004, 108f.
[375] U. THILO, *Studien zur dekorativen Reliefplastik des östlichen Mittelmeerraumes. Schrankenplatten des 4.-10. Jahrhunderts* (*MBM* 10). München 1969, 15.

Abb. 164: Säulchenschrankenplatte,
Manastirine, Lapidarium, AMS
(Foto: Verf.)

b) Weinranken:

Bei Renovierungsarbeiten im Altarraum der Pfarrkirche St. Anselm in Nin kam ein Pilasterfragment (85 x 22,5 x 22 cm) zutage, welches im Saal-kirchenkomplex des 4./5. Jhs. als Teil der Abschrankung zum Laienraum angebracht wurde (Abb. 165a).[376] Die flach reliefierte Weinrankenverzierung sollte wohl die mythische Ein-heit zwischen Christus und seinen Jüngern zum Aus-druck bringen: „Ich bin der wahre Weinstock, ihr seid die Reben".[377] Der Nachdruck, der auf „wahr" gelegt wurde, war notwendig um „die Distanzierung vom fal-schen Weinstock zu unterstreichen", denn bereits der Dionysoskult machte den Wein zu einem Sinnbild der ekstatischen Vereinigung mit Gott.[378]

In der paganen Kunst waren es besonders die Ab-bildungen des Weingottes (Abb. 165b), seines Thiasos

Abb. 165b: Diony-
sosstatue, Detail,
Palazzo Altemps,
Inv. Nr. 60920, Rom
(Foto: Verf.)

---

[376] VEŽIĆ 2005, 170.

[377] Joh 15,5; Zur Textauslegung siehe E. ZINGG, *Das Reden von Gott als „Vater" im Johan-nesevangelium* (*HBS* 48). Freiburg im Breisgau 2006, 213-237; R. BORIG, *Der wahre Wein-stock. Untersuchungen zu Joh 15,1-10* (*StANT* 16). München 1967, 21f.

[378] Vgl. K. KERÉNYI, *Dionysos. Urbild des unzerstörbaren Lebens*. Stuttgart 1994, 161.

Abb. 166: Florales
Marmorrelief, Portal, Ara
Pacis, Museo dell'Ara Pacis,
Rom (Foto: Verf.)

und seiner Symposien, in denen weingefüllte Becher, Reben und Trauben
Lebenslust und Sinnesfreuden widerspiegelten.[379]

c) Lebensbaum, Blüten und Ranken:

Der Lebensbaum wurzelt nach paganer Vorstellung in den Wassern der
Unterwelt, bohrt sich von dort aus durch die Erde und reicht in den Him-

mel. Ikonografisch dargestellt entspricht das einer aus einem Akan-
thusblatt oder Krater wachsenden
Pflanzenranke (Abb. 166). Im Frühchristentum wurde diese Darstel-
lungskonvention[380] beibehalten wie
die Schrankenplatten aus Sant'
Apollinare Nuovo (Abb. 167) und

Abb. 167: Schrankenplatte mit Lebens-
baummotiv, Prokonnesischer Marmor,
Sant'Apollinare Nuovo, Ravenna
(Foto: Verf.)

Posedarje bei Zadar (47 x 85 x 9 cm) veranschaulichen (Abb. 168).[381]

---

[379] R. SCHLESIER, *DNP* 3 (1996) 651-664 s. v. Dionysos.
[380] Zum Baum in der Bibel und im christlich-theologischen Denken siehe M. SCHMIDT, *Warum ein Apfel Eva? Die Bildsprache von Baum, Frucht und Blume.* Regensburg 2000, 19-36.
[381] Zur Dekoration der Kalksteinplatte aus Posedarje und ihrer zeitlichen Einordnung siehe P. VEŽIĆ, Ulomak starokršćanskog pluteja iz Posedarja nedaleko od Zadra. *Diadora* 14 (1992) 291-299; A. UGLEŠIĆ, Još jednom o datiranju ranokršćanskog pluteja iz Posedarja kod Zadra. *Diadora* 15 (1993) 145-156.

Abb. 169: Schrankenplatte, Kalkstein, Michaelskirche, Kijevo/Gradina (UGLEŠIĆ [2006] Abb. 51)

Abb. 170: Kuppelmosaik, Detail, Baptisterium der Orthodoxen, Ravenna (Foto: Verf.)

Abb. 168: Kalksteinplatte mit Lebensbaummotiv, Posedarje, AMZd (Foto: Verf.)

d) Schuppenmuster:

Die Kalksteinplatten aus der Saalkirche in Galovac/Crkvina[382], der frühchristlichen Kirche mit Baptisterium in Bičina/Polača[383] und der Michaelskirche in Kijevo/Gradina[384] bei Knin (Abb. 169) tragen ein schuppenartiges, aus aneinandergefügten Halbkreisbögen zusammengesetztes Muster.

Vergleichbare Abschrankungen wurden am Sockel des Theodosiusobelisken, am stadtrömischen Diptychon der Lampadii[385] und in der zweiten Hälfte des 5. Jhs. im Kuppelmosaik des Baptisteriums der Orthodoxen in Ravenna (Abb. 170) abgebildet. Ein Rückgang dieser Dekorationsform ist ab Mitte des 6. Jhs. zu bemerken, jedoch blieb sie geringfügig modifiziert

[382] J. BELOŠEVIĆ, Il complesso dell'architectura paleocristiana a Crkvina di Galovac nei pressi di Zadar. In: *Radovi XIII. CIAC 3 Split – Poreč*, 25.9.–1.10.1994. Vatikan – Split 1998, 79-83 Abb. 2-4 (Rekonstruktionen der Templonanlagen).
[383] N. URODA, Prilog poznavanju ranokršćanske crkve na lokalitetu Bičina u Polači. *OpusA 34* (2010) 250f.
[384] J. JELIČIĆ, Tragovi ranokršćanske arhitekture od izvora do ušća rijeke Cetine. *IzdanjaHAD* 8 (1984) 169, 172f. Abb. 2a.
[385] J. ELSNER, *Imperial Rome and Christian triumph: the art of the Roman Empire AD 100–450 (Oxford history of art)*. Oxford 1998, 39.

weiterhin im Repertoire lokaler Werkstätten. Bei einer Presbyteriumschranke in Prižba/Srima[386] wurde das Schuppenmuster um weitere Halbkreisbögen erweitert (88 x 101 x 11 cm). Auf einer Schrankenplatte in Salona kam es zur Beifügung von Lilien beim Übergang zur Rahmung (Abb. 171).[387]

Abb. 171: Kalksteinplatte mit Schuppenmuster und Lilien, Lapidarium, AMS (Foto: Verf.)

e) Christusmonogramme und Kreuzmotive:

Die im 5./6. Jh. weitaus häufigste Verzierung ist in der Region Zadar die oktogonale Gliederung mit Rosetten im Zentrum. In symmetrischer Aufteilung sind zwischen den Reihen Rauten mit griechischen Kreuzen darin angebracht. Eine fast zur Gänze erhaltene Kalksteinplatte (88 x 85 x 8 cm) dieser Machart stammt aus der Thomasbasilika in Zadar (Abb. 172). Schrankenfragmente mit diesem Muster sind der Stephansbasilika in Zadar und dem Vorgängerbau der biograder Kathedrale zuzuordnen.[388]

Abb. 172: Schrankenplatte mit oktogonaler Gliederung und griechischen Kreuzen, Kalkstein, Thomasbasilika/Zadar, AMZd (Foto: Verf.)

Einen großen Teil der dekorativen Platten des 5./6. Jhs. nehmen flächig mit Christusmonogrammen und lateinischen Kreuzen versehene Stücke ein.

---

[386] D. MARŠIĆ, Skulptura. In: GUNJAČA u. a. 2005, 74-81, 138f.
[387] THILO 1969, 16f.
[388] VEŽIĆ 2007, 124f.

Aus der ersten Bauphase der Saalkirche in Podvršje/Glavčine (Abb. 173) stammt eine an der Vorderseite durch Rahmung in zwei Kompartimente geteilte Kalksteinplatte (130 x 57 x 10 cm).[389] Auf der linken Seite hat der Steinmetz ein achtarmiges

Abb. 173: Schrankenplatte mit Christusmonogramm und verschachtelten Kreisen mit griechischen Kreuzen, Rekonstruktion, Archäologisches Depot, Universität Zadar (Foto: J. BARAKA PERICA)

Christusmonogramm in einem Kreis ausgearbeitet, während die andere Hälfte ein flaches Relief mit symmetrisch angeordneten, ineinander verschachtelten Kreisen mit eingeschriebenen Quadraten und griechischen Kreuzen trägt. Das Cancellifragment (134 x 70 x 9 cm) aus der episkopalen Komplexbasilika in Zadar (Abb. 174) weist ein Lichtrad auf.[390] Auf dem linken Segment ist ein lateinisches Kreuz mit Sonne- und Mondsymbolik zu rekonstruieren. Alle Stücke sind mit breitem Rahmenprofil gearbeitet. Stilistisch anzuschließen sind hier die Schrankenplatten mit lateinischem Kreuz in einem Kreis aus Prižba/Srima[391] (90 x 84 x 10 cm) Mitte des 5.

---

[386] D. MARŠIĆ, Skulptura. In: GUNJAČA u. a. 2005, 74-81, 138f.
[387] THILO 1969, 16f.
[388] VEŽIĆ 2007, 124f.
[389] A. UGLEŠIĆ, Dvojne ranokršćanske crkve u Podvršu. Šibenik 2002, 13; VEŽIĆ 2005, 167f.
[390] VEŽIĆ 2007, 126-128.
[391] MARŠIĆ 2005, 74-81, 125f.

Abb. 174: Schrankenplattenfragment mit Lichtrad und lateinischem Kreuz mit Sonne- und Mondsymbolik, Episkopale Komplexbasilika/Zadar, AMZd Depot (VEŽIĆ [2005] 168)

Abb. 175: Schrankenplatte mit lateinischem Kreuz, Saalkirche Prižba/Srima, Rekonstruktion, Muzej Grada Šibenika (GUNJAČA [2005] 126)

Abb. 176: Schrankenplatte mit lateinischem Kreuz und Lilien, Basilika an der Porta Caesarea/Salona, Lapidarium, AMS (Foto: Verf.)

Abb. 177: Kalksteinpilaster mit lateinischem Kreuz, Johannesbasilika (Sv. Nediljica)/Zadar, AMZd (Foto: Verf.)

Jhs. (Abb. 175) und auch die Platten aus der Basilika an der Porta Caesarea in Salona[392] (Abb. 176).

Im weitesten Sinn zu dieser Gruppe gehören die Kalksteinplatte mit lateinischem Kreuz und flankierenden Lilien aus der Doppelkirche des 6. Jhs. von Podvršje/Glavčine[393] (Abb. 177) und ein Kalksteinpilaster (22 x 49 x 12 cm) aus der iadertinischen Johannesbasilika (Sv. Nediljica).[394] Sie sind mit einem lateinischem Kreuz versehen, an dessen Querbalken die apo-

---

[392] PAVIĆ 2004, 105.
[393] Zur Deutung als Zeichen der Parusie siehe A. MIŠKOVIĆ, Kalvarije na ranokršćanskim plutejima sa zadarskog područja. *Bogoslovska smotra* 83,4 (2013) 859-876.
[394] P. VEŽIĆ, Bazilika Sv. Ivana Krstitelja (Sv. Nediljica) u Zadru. *Rad. Inst. povij. umjet.* 23 (1999) 7-16.

Abb. 179: Schrankenplatte mit Christusmonogramm, Rosetten und Lilien, sog. Doppelkirche Prižba/ Srima, Rekonstruktion, Muzej Grada Šibenika (Foto: Verf.)

Abb. 178: Kalksteinplatte mit lateinischem Kreuz und flankierenden Lilien, Podvršje/Glavčine, AMZd (Foto: Verf.)

kalyptischen Symbole A und ω herab hängen (Abb. 178).

f) Geometrische Muster:

Ab Mitte des 6. Jhs. werden auch vermehrt komplexere geometrische Motive auf cancelli dargestellt, wie sie sich in der Doppelkirche von Prižba/ Srima[395] (Abb. 179) oder in Bilice/Dedića Punta[396] erhalten haben (Abb. 180).

Abb. 180: Kalksteinplatte mit geometrischem Muster, Bilice/Dedića Punta, Muzej Grada Šibenika (Foto: Verf.)

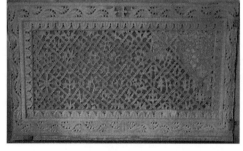

Abb. 181: Transenna mit Akanthusblättern, Prokonnesischer Marmor, Inv. Nr. 413, San Vitale/Ravenna, MNR, Saal der frühchristlichen und byzantinischen Monumente (Foto: Verf.)

---

[395] MARŠIĆ 2005, 93-101, 135-139.
[396] L. MARUN, *Starinarski dnevnici, prepisala i za tisak pripremila* (*MHAS. Katalozi i monografije* 4). Split 1998, 179, 194, 231.

Durchbrochene Marmorplatten (*transennae*),[397] die im 6. Jh. en vogue waren und in Sant' Apollinare Nuovo und San Vitale (Ravenna) verbaut wurden (Abb. 181), sind im Untersuchungsgebiet nicht vertreten. Ebenso fehlen Tiermotive und die Darstellung religiöser Themen.[398]

Die verbreitetste Form der Einfriedung des Presbyteriums bestand im 4./5. Jh. aus einer einfachen, geraden sowie u- bzw. l-förmigen Reihe niedriger von untereinander mit Pfosten verbundenen Schrankenplatten. In der ersten Hälfte des 6. Jhs. setzt sich allmählich das τέμπλον durch.[399] Die erste Beschreibung dieser Bauform ist von

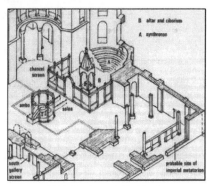

Abb. 182: Schrankenanlage in der Südwestecke, Hagia Sophia, Rekonstruktion (STICHEL [2010] 37)

Paulus Silentiarius überliefert, der im Jahre 563 zur Einweihung der restaurierten Hagia Sophia nach Konstantinopel reiste (Abb. 182). Der Raumbereich um den Altar war dort gegen das Kirchenschiff durch die Altarschranken abgegrenzt. Zwischen den silbernen Schrankenplatten waren zwölf Säulen eingefügt auf denen u-förmig umlaufend eine Trabs

---

[397] THILO 1969, 29f.

[398] Für eine Übersicht zu den erhaltenen Schrankenplatten im römischen Imperium siehe C. DELVOYE, *RBK* 1 (1966) Sp. 900-931 s. v. Cancelli; A. M. SCHNEIDER, *RAC* 2 (1954) Sp. 837f. s. v. Cancelli. Zu den Charakteristika und regionalen Unterschieden zwischen den Schrankenplatten aus Zadar und Salona: B. MIGOTTI, Dekorativna ranokršćanska plastika jaderskog i salonitanskog područja. Temeljne osobine i međusobne razlike. *Diadora* 13 (1991) 291-312.

[399] Dieser Terminus ist ein Anachronismus. Erstmals wurden die hohen Presbyteriumschranken im Osten unter dem Namen templon in der Vita des Priesters Philippos im 7. Jh. erwähnt. Siehe dazu im Detail M. CHATZIDAKIS, *RBK* 3 (1978) Sp. 326-353, besonders 326-330 s. v. Ikonostas; Zum Aufkommen ab Mitte des 5. Jhs.: SODINI – KOLOKOTSAS 1984, 49; H. G. THÜMMEL, Templon und Ikonostas. In: A. BRISKINA-MÜLLER u. a.., *Logos im Dialogos. Auf der Suche nach der Orthodoxie. Gedenkschrift für Hermann Goltz*. Berlin 2011, 309-321.

auflag. Außer einem breiteren durch eine Arkade hervorgehobenen Zugang in der Mitte gab es zwei schmalere Nebeneingänge. Die Interkolumnien über den *cancelli* waren vermutlich mit *vela* verschließbar.[400] Ungefähr zeitgleich mit den Templonanlagen in Kleinasien, den iustinia-

Abb. 183: Templon, Basilika Santa Maria delle Grazie, Grado (Foto: Verf.)

nischen Kirchen Konstantinopels,[401] Ravennas,[402] Salonas,[403] sowie Santa Maria delle Grazie in Grado[404] (Abb. 183) und der Peterskirche in Rom[405] sind auch jene in den Kirchen von Potoci, Založje, Klobuk, Dabravine, Zenica, Galovac/Crkvina, Podvršje/Glavčine sowie in Prižba/Srima (Abb. 184) einzuordnen.[406]

Aus dieser Entwicklung ging dann später die Ikonostase hervor, die seit dem hohen Mittelalter in der Ostkirche den Ort der Wandlung vom eigentlichen Gemeinderaum trennt.

---

[400] PÜLHORN 1977, 342, 351; STICHEL 2010, 25-57, besonders 37f.

[401] T. F. MATHEWS, *The Early Churches of Constantinople. Architecture and Liturgy*. London 1971, 110; U. PESCHLOW, Zum Templon in Konstantinopel. In: *Αρμος. Τιμητικός τόμος στον καθηγητή Ν.Κ. Μουτσόπουλο για τα 25 χρόνια πνευματικής του προσφοράς στο πανεπιστήμιο*. Thessaloniki 1990, 1449-1475.

[402] Kritisch zu lesen: R. FARIOLI, Pergulae paleocristiane del territorio ravennate. In: *Atti del VI. CIAC Ravenna, 23.–30.9.1962*. Ravenna 1962, 115-121.

[403] PAVIĆ 2004, 104-110.

[404] M. CORTELLETTI, Santa Maria delle Grazie di Grado. Aquileia dalle origini alla costituzione del ducato longobardo. L'arte ad Aquileia dal sec. 4 al 9. *AA* 62 (2006) 335-364.

[405] F. GUIDOBALDI, Struttura e cronologia delle recinzioni liturgiche nelle chiese di Roma dal 6 al 9 secolo. *MededRom* 59 (2000) 92-94.

[406] Zu den Befunden in Dalmatien siehe JELIČIĆ-RADONIĆ 1999, 139f.; CHEVALIER (Salona 2,1) 1995, 129-134; BASLER 1993, Taf. 16 Abb. 41, Taf. 19 Abb. 52, Taf. 33 Abb. 96.

Abb. 184: Templon, Sog. Doppelkirche Prižba/Srima, Rekonstruktion,
Muzej Grada Šibenika (Foto: Verf.)

6. ZUSAMMENFASSUNG

Der frühste archäologische Nachweis für das Entstehen christlicher Gemeinden im Untersuchungsgebiet lässt sich mit der iadertinischen Peterskirche Mitte des 4. Jhs. erbringen, also etwas später als in Aquileia, Poreč
und Salona. Im Gegensatz zu den *coloniae* entlang der Adria, bei denen
frühchristliche Sakralbauten vornehmlich am Stadtrand oder im Bereich
der antiken Vorstadt errichtet wurden, entstand der Nukleus des episkopalen Komplexes inmitten des Tavernenviertels am Forum. Für eine derartige
Disposition gibt es nur wenige Vergleichsbeispiele wie etwa im istrischen
Nesactium und in Aosta.

Imperial gesehen richtete sich die Kultur des Christentums im 4. Jh. nach
Rom, wo Kaiser Konstantin auf den althergebrachten Bautypus der Basilika zurückgriff. Im Sinne der *religio licita* waren die Bischöfe bestrebt, die
notwendigen Infrastrukturen für die Kultausübung und der kirchlichen Ver-
waltung zu schaffen. Zu den funktionalen Erfordernissen zählte ebenso die
Errichtung von Taufanlagen. Vorherrschend waren runde, polygonale oder

kreuzförmige Grundrisse. So erfolgte auch in Zadar Anfang des 5. Jhs. der Ausbau der ehemaligen Saalkirche zur Komplexbasilika mit Baptisterium. An der polygonalen Apsis des sog. Katechumeneion und den Bodenmosaiken lässt sich erkennen, dass die episkopale Basilika der norditalischen bzw. adriatischen Bautradition entstammt.

Im 5./6. Jh. wurde ein weiterer kirchlicher Verwaltungsbezirk mit Sitz in *Scardona*/Skradin eingerichtet. Einerseits hatte das *municipium* regionale Bedeutung als juridischer Konvent und andererseits verfügte es über einen Hafen mit Mittelmeeranbindung. Problematisch ist, dass bisher noch keine frühchristliche Architektur in Skradin festgestellt wurde, was mit Sicherheit auch auf die unzureichende Erforschung des Geländes zurückgeführt werden kann.

Am Denkmälerbestand des 5. Jhs. zeigt sich, dass der Christianisierungsprozess in den ländlichen Gebieten wesentlich langsamer als in den Städten voranging. Es musste jedoch auch im dalmatinischen Hinterland auf den zunehmenden Bedarf an Gotteshäusern und die Notwendigkeit von Baptisterien reagiert werden. Wie es sich im Untersuchungsgebiet darstellt, entstanden diese meist als Saalkirchen ausgeführten Bauten in der Nähe eines Latifundiums oder *vicus*. Die Kirche diente auch sepulkralen Zwecken, wovon die im direkten Umfeld angelegten Gräber wie in Podvršje/Glavčine, Galovac/Crkvina, Prižba/Srima und Trbounje/Čupići Zeugnis ablegen. So können die analysierten Kirchen zwar funktional unterschieden werden etwa als Bischofs-, Gemeinde- oder Friedhofskirche, dennoch heben sie sich architektonisch nicht signifikant voneinander ab.

Nach der Rückeroberung Dalmatiens um 535 dokumentierte Iustinian I. mit einem monumentalen Kirchenbauprogramm den oströmischen Anspruch auf das gesamte Imperium. Beeinflusst von der byzantinischen Architektur ist die Bauweise des Saalkirchenkomplexes mit Trikonchen in Pridraga.

Ein weiteres Merkmal jener Epoche an der mittleren Adria ist die Erweiterung bestehender Saalkirchen zu Kirchengruppen (Podvršje/Glavčine, Prižba/Srima, Trbounje/Čupići). Durch den Aufbau eines weitreichenden Verteidigungssystems, die *Claustra Alpium Iuliarum*, sicherte Iustinian I. nicht nur die Handelswege sondern forcierte zudem den Wissenstransfer zwischen Ost und West. In Kroatien, Slowenien und der italienischen Region Friaul-Julisch-Venetien haben sich zahlreiche Fortifikationen des 6. Jhs. erhalten. Angelegt wurden sie an strategisch wichtigen Positionen im Landesinneren, aber auch auf den vorgelagerten Inseln entlang der Adriaküsten. So spiegeln sich all diese Einflüsse auch in der Kirchenausstattung wider, obwohl die Charakteristika des nordadriatischen Kulturkreises weiterhin dominierten.

7. SUMMARY

The earliest archaeological evidence for the emergence of Christian communities in the study area is provided by St. Peter's church of Zadar mid-4th century, quite contemporaneous with Aquileia, Poreč and Salona, but certainly based on the same spiritual and social background as in the whole Adriatic area. Unlike the major Adriatic towns, where Christian building complexes were constructed mainly on the outskirts or even in the area of Antique suburbia, Zadars episcopal complex is located in the very centre of urban life, on the main town square. It is one of the rare examples of central position similar to *Nesactium* (Istria) and Aosta in Alpine Western Italy.

Like in other areas of the Empire, the church architecture in the 4th century was inspired by the Constantine basilicas in Rome and in the Holy Land. Due to the fact that Christianity was a *religio licita* now the bishops were committed to create the necessary infrastructure for religious practice as well as for ecclesiastical administration. This required the installation of baptisteries typically equipped with round, polygonal or crossshaped fonts. Therefore in the early 5th century the expansion of the single nave church into a complex basilica with baptistery took place in Zadar. Northern Italian respectively Adriatic influence is evident in the polygonal apse of the katechumeneion and the floor mosaics.

Written sources confirm the creation of an administrative church district in *Scardona*/Skradin during the 5th/6th century although no evidence of Christian architecture has yet been detected. *Scardona*, was chosen as a diocese on the basis of its importance as regional centre of jurisdiction with high economic significance deriving from its harbour.

Due to the lack of monuments in the 5th century it has to be noticed that Christianization evolved at a slower pace in rural areas than in the cities. However, there was an increasing demand for churches and baptisteries. In the study area the earliest places of worship, designed in general as single nave churches, were erected on urban estate owners' land or nearby a *vicus* and were served by travelling presbyters. Graves in the vicinity of churches as in Podvršje/Glavčine, Galovac/Crkvina, Prižba/Srima and Trbounje/Čupići witness the use of religious centres as burial places. Although it is possible to determine the different functions as episcopal, parish or grave yards church, the architecture does not vary significantly.

Right with Iustinian I. reconquista of Dalmatia in 535 the building of numerous new churches emphasize his claim to be the ruler of the whole Roman Empire. The construction of the single nave church with added triconches in Pridraga clearly shows Eastern influence. Another feature of the central Adriatic during this period is the expansion of already existing facilities and the modification into regrouped structures (Podvršje/Glavčine, Prižba/Srima, Trbounje/Čupići). By setting up a wideranging defense system with the *Claustra Alpium Iuliarum*, Iustinian I. secured the trade routes and accelerated the transfer of knowledge between East and West. Many 6th century fortifications have been preserved in Croatia, Slovenia and the Italian region of Friuli-Venezia-Giulia. They were erected at strategically important locations on the mainland as well as on islands along the Adriatic seashore. Some elements of the interior fittings imply relations with the adjoining Salona as well as with those in distant Constantinople, but a majority of the features speak in favour of a consistent influence of the Adriatic Cultural area.

8. SAŽETAK

Ovim istraživanjem prvi arheološki dokaz o nastanku kršćanskih zajednica promatra se kroz primjer zadarske Petrove crkve iz 4. st., dakle nešto kasnije nego u Akvileji, Poreču i Saloni. Za razliku od *coloniae* duž istočne obale Jadrana u kojima su ranokršćanski sakralni objekti uglavnom bili podizani na rubu grada ili na području antičkog predgrađa, u Zadru je jezgra episkopalnog kompleksa nastala usred tavernske četvrti na forumu. Za ovakvo gledište postoje rijetki usporedni primjeri, kao što su, recimo, istarski Nezakcij/Vizače ili Aosta.

Kultura kršćanstva u 4. st. razvijala se, gledano iz perspektive Imperija, iz pravca Rima u kojem je car Konstantin posegao za ustaljenim arhitektonskim tipom bazilike.

U smislu *religio licita,* trud biskupa se sastojao u stvaranju neophodne infrastrukture za kultne obrede i crkvenu upravu. Pod funkcionalne zahtjeve ubrajalo se i podizanje krstionica. Pretežito su to bili okrugli, poligonalni ili križni tlocrti. Tako je i u Zadru početkom 5. st. uslijedila nadgradnja nekadašnje jednobrodne crkve u crkveni kompleks s krstionicom. Na poligonalnoj apsidi katekumeneiona, kao i na podnom mozaiku, primjećuje se da je episkopalna bazilika proizašla iz sjevernotalijanske, odnosno jadranske tradicionalne gradnje.

U 5./6. st. osnovana je još jedna crkvena upravna župa sa sjedištem u Scardoni/Skradinu. *Municipium* je, s jedne strane, imao regionalni značaj kao pravni konvent, dok je, s druge strane, raspolagao lukom i sredozemnim vezama. Otežavajuće je i to što u Skradinu dosad nije pronađen nijedan trag ranokršćanske arhitekture, što se zasigurno može dovesti u vezu sa nedovoljnim istraživanjem terena.

Na osnovu fundusa spomenika iz 5. st. primjetno je da je proces kristijanizacije u seoskim sredinama tekao znatno sporije nego u gradovima. Međutim, u dalmatinskom zaleđu je morala postojati reakcija na sve veću potrebu za božjim kućama, kao i na neophodnost krstionica. Kako se tijekom istraživanja pokazalo, zgrade, koje su uglavnom izvođene kao jednobrodne crkve, nastale su u blizini nekog latifundija ili *vicus*-a.

Crkva je jednako služila i u sepulkralne svrhe, o čemu svjedoče grobovi postavljeni u neposrednom okružju, kao što je slučaj u Podvršju/Glavčinama, Galovcu/Crkvini, Prižbi/Srimi i Trbounju/Čupićima. Tako se analizirane crkve mogu funkcionalno podijeliti na biskupske, župne i pogrebne, dok se po tipu gradnje ne razlikuju mnogo jedna od druge.

Nakon ponovnog osvajanja Dalmacije oko 535. godine, Iustinian I. je monumentalnim programom crkvenih zdanja dokumentirao istočnorimske zahtjeve prema čitavom Imperiju. Način gradnje jednobrodnih crkvenih kompleksa sa trolisnim crkvama (trikonhos) u Pridragi stoji pod utjecajem bizantske arhitekture. Još jedna osobina te epohe na Srednjem Jadranu je dogradnja postojećih jednobrodnih crkava ka crkvenim grupama (Podvršje/Glavčine, Prižba/Srima, Trbounje/Čupići).

Kroz dalekosežnu izgradnju obrambenog sustava, *Claustra Alpium Iuliarum*, Iustinian I. je osigurao, ne samo trgovačke putove, već je, prema tome, forsirao i protok znanja između Istoka i Zapada. U Hrvatskoj, Sloveniji i talijanskoj regiji Furlanija-Julijska Krajina očuvane su mnogobrojne fortifikacije iz 6. st. Podizane su na strateški važnim pozicijama u zaleđu, ali i na predstojećim otocima duž jadranske obale. Na taj su se način svi ovi utjecaji ogledali i u uređenosti crkava, iako su i dalje dominantne karakteristike bile one iz sjevernojadranskog kulturnog kruga.

9. TAFELN

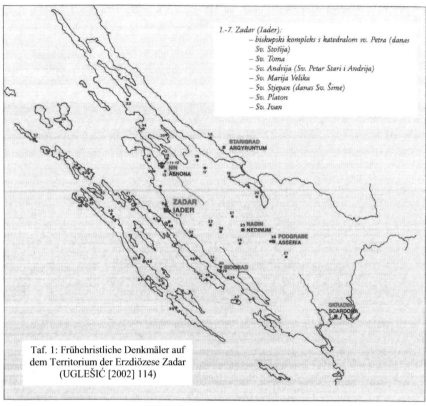

1.-7. Zadar (Iader):
 – biskupski kompleks s katedralom sv. Petra (danas
   Sv. Stošija)
 – Sv. Toma
 – Sv. Andrija (Sv. Petar Stari i Andrija)
 – Sv. Marija Velika
 – Sv. Stjepan (danas Sv. Šime)
 – Sv. Platon
 – Sv. Ivan

Taf. 1: Frühchristliche Denkmäler auf
dem Territorium der Erzdiözese Zadar
(UGLEŠIĆ [2002] 114)

8. Zadar (Iader) – Puntamika – Crkvina/Sv. Stošija
9. Kožino – Krug
10. Zaton – Sv. Jandre (Andrija)
11.-12. Nin (Aenona):
 – Sv. Asel (Anselmo)
 – Sv. Marija
13. Ninski Stanovi – Zidine
14. Privlaka – Sv. Barbara
15. Vrsi – Sv. Jakov
16. Podvršje – Glavčine
17. Radovin – Sv. Petar
18. Tribanj-Šibuljine – Sv. Trojica
19. Posedarje – Velika Gospa
20. Pridraga – Sv. Martin
21. Biljane Donje – Begovača/Crkvina
22. Galovac – Crkvina
23. Nadin (Nedinum)
24. Tinj – Gradina/Sv. Ivan Krstitelj
25. Polača – Bičina
26. Podgrade (Asseria) – Sv. Duh
27. Lepuri – Sv. Martin
28. Pakoštane – Crkvina
29. Biograd – Glavica
30. Biograd – Bošana

31. Turanj – Tukljača/Gospa od Karmena
32. Sukošan – Sv. Kasijan
33. Pag (o. Pag) – Stari Grad
34. Povljana (o. Pag) – Sv. Nikola
35. Vlašići (o. Pag) – Sv. Jerolim (Sv. Ivan Krstitelj)
36. Olib (o. Olib) – uvala Banjve
37. Premuda (o. Premuda) – Pastirsko/Garška crikva/Mirine
38. Brgulje (o. Molat) – Karniški varh/Garska crikva
39. Molat (o. Molat) – Pod Varšak/Sirunjski
40. Zverinac (o. Zverinac) – Ripišće/Garška crikva
41. Rivanj (o. Rivanj) – Lokvina
42. Muline (o. Ugljan) – Stivan
43. Preko (o. Ugljan) – Gospa od Rozarija (Sv. Andrija)
44. Ošljak (o. Ošljak) – Vela Gospa
45. Nevidane (o. Pašman) – Pod Crikvinu/Sv. Martin
46. Tkon (o. Pašman) – Ćokovac (Sv. Kuzma i Damjan)
47. Vrgada (o. Vrgada) – Sv. Andrija
48. Veli Rat-Polje (Dugi otok) – Garška crikva/Sv. Jelena
49. Božava (Dugi otok) – Sv. Križ (Sv. Nikola)
50. Brbinj (Dugi otok) – Školj/Kampuš
51. Luka (Dugi otok) – Crikvina
52. Žman (Dugi otok) – Sv. Ivan Krstitelj
53. Sali (Dugi otok) – Gruh/Sv. Ivan
54. Sali (Dugi otok) – Crkvina
55. Kornat (o. Kornat) – Tarac

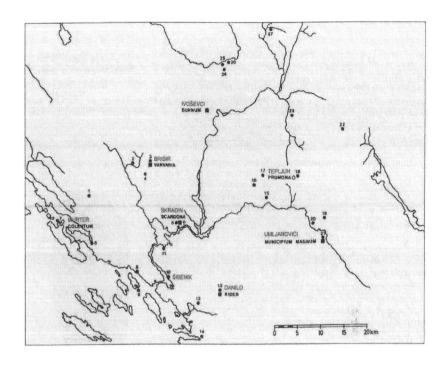

Taf. 2: Frühchristliche Denkmäler auf
dem Territorium der Diözese Šibenik
(UGLEŠIĆ [2006] 60)

1. Kašić – Dražica/Podarica
2. Žažvić – Crkvina
3. Bribir (*Varvaria*) – Sv. Joakim i Ana
   (*St Joachim and Ann*)
4. Piramatovci – Sv. Bartul (*St Bartholomew*)
5. Skradin (*Scardona*)
6. Ivinj – Sv. Martin (*St Martin*)
7. Murter (*Colentum*), o. Murter – Gospa od Gradine
   (*Our Lady of Gradina*)
8. Srima – Prižba
9. Prvić Luka (o. Prvić) – Gospa od Milosti (*isl. Prvić –
   Our Lady of Mercy*)
10. Šibenik – Tvrđava sv. Mihovila (*St Michael fortress*)
11. Bilice – Dedića punta
12. Donje Polje – Grušine
13. Danilo (*Rider*) – Stari šematorij

14. Grebaštica – Sv. Marija i Sv. Petar (*St Mary and St Peter*)
15. Badanj – Sv. Ivan Krstitelj (*St John the Baptist*)
16. Trbounje/Čupići – Crkvina
17. Lišnjak – Sv. Ilija (*St Elias*)
18. Biočić (*Promona*) – Sv. Petar i Pavao (*St Peter and Paul*)
19. Baljci – Sv. Ivan Krstitelj (Sv. Jovan)/(*St John the
    Baptist*)
20. Gradac – crkva Marijina Porođenja (*St Mary's
    Childbirth*)
21. Umljanovići (*Municipium Magnum*) – Balina glavica
22. Kijevo – Sv. Mihovil (*St Michael*)
23. Biskupija – Katića bajami
24. Mokro polje – Sučevići
25. Mokro polje – Vagići
26. Mokro polje – Čuker
27. Plavno – Đurića groblje

10. ABKÜRZUNGSVERZEICHNIS
BIBLISCHE BÜCHER NACH DEN LOCCUMER RICHTLINIEN

Apg	....	*Apostelgeschichte*
Eph	....	*Paulinischer Brief an die Epheser*
Ex	....	*Buch Exodus*
Joh	....	*Evangelium nach Johannes*
Kol	....	*Paulinischer Brief an die Kolosser*
Kor	....	*Paulinischer Brief an die Korinther*
Mt	....	*Evangelium nach Matthäus*
Mk	....	*Evangelium nach Markus*
Neh	....	*Buch Nehemias*
Offb	....	*Offenbarung des Johannes*
Ps	....	*Buch der Psalmen*
Röm	....	*Paulinischer Brief an die Römer*
Tim	....	*Paulinischer Brief an Timotheus*

ANTIKE AUTOREN UND WERKE

Ambr. ep.	....	*Ambrosius, Epistulae*
Ambr. myst.	....	*Ders., De mysteriis*
Ambr. sacr.	....	*Ders., De sacramentis*
Apul. met.	....	*Apuleius, Metamorphoses*
Athan. hist. Arian	....	*Athanasius, Historia Arianorum ad monachos*
Aug. c. Cresc.	....	*Augustinus, contra Cresconium grammaticum*
Aug. serm.	....	*Ders., Sermones genuini*
Cod. Iust.	....	*Corpus Iuris Civilis, Codex Iustinianus*
Const. apost.	....	*Constitutiones apostolicae*
Cypr. catech.	....	*Cyprian, catecheses*
Did.	....	*Didache (Doctrina duodecim apostolorum)*
Didask.	....	*Didaskalia Apostolorum*
Eus. hist. eccl.	....	*Eusebius, Historia Ecclesiastica*
Gesta. concil. Aquil.	....	*Gesta concilii Aquileiensis*
Hier. comm. in Hab.	....	*Hieronymus, Commentaria in Habakuk prophetam*

Joh. Chrys. catech.	....	*Johannes Chrysostomos, In*
		catechumenos
Joh. Chrys. sac.	....	*Ders., De sacerdotio*
Just. Mart. apol.	....	*Justin der Martyrer, Apologia*
Kyr. Hier. catech.	....	*Kyrill von Jerusalem, catecheses*
Lact. div. inst.	....	*Lactantius, Divinae institutiones*
LP	....	*Liber Pontificalis*
Op. patr. apost.	....	*Opera patrum apostolicorum*
Paul. Nol. ep.	....	*Paulus von Nola, Epistulae*
Plin. epist.	....	*Plinius der Jüngere, Epistulae*
Plin. nat.	....	*Plinius der Ältere, Naturalis historia*
Prok. aed.	....	*Prokopios, De aedificiis*
Strab. geogr.	....	*Strabon, geographica*
Tert. bapt.	....	*Tertullian, De baptismo*
Tert. mart.	....	*Ders., De martyribus*
Tert. spect.	....	*Ders., De spectaculis*
Trad. Apost.	....	*Traditio apostolica*

NEUZEITLICHE UND AKTUELLE LITERATUR

AA	....	*Antichità Altoadriatiche*
AbhMünchen	....	*Abhandlungen. Bayerische Akademie der*
		Wissenschaften. Philosophisch-Historische
		Klasse
ActaAArtHist	....	*Acta ad archaeologiam et artium historiam*
		pertinentia
ActaHyp	....	*Acta hyperborea. Danish Studies in Classical*
		Archaeology
AF	....	*Archäologische Forschungen*
AMSI	....	*Atti e memorie della società istriana di*
		archeologia e storia patria
ANRW	....	*Aufstieg und Niedergang der Römischen Welt*
AntAf.	....	*Antiquités africaines*
AnTard	....	*Antiquité Tardive, Revue internationale*
		d'histoire et d'archéologie
ANUBiH	....	*Akademija nauka i umjetnosti Bosne i*
		Herzegovine
AquilNost	....	*Aquileia nostra. Bollettino dell'Associazione*
		nazionale per Aquileia
ARadRaspr	....	*Arheološki radovi i rasprave*
ArchAdriatica	....	*Archaeologia Adriatica*

Arh. Vest.	....	*Arheološki vestnik*
AttiMemIstria	....	*Atti e memorie della Società istriana di archeologia e storia patria*
AttiUdine	....	*Atti della Accademia di scienze, lettere e arti di Udine*
AuC	....	*Antike und Christentum. Kultur- und religionsgeschichtliche Studien*
BAH	....	*Bibliothèque Archéologique et Historique*
Bant	....	*Schriften der Balkan-Kommission, Antiquarische Abteilung der Österreichischen Akademie der Wissenschaften*
BARIntSer	....	*British Archaeological Reports. International Series*
BCH	....	*Bulletin de correspondance hellénique*
BEFAR	....	*Bibliothèque des Écoles françaises d'Athènes et de Rome*
BerRGK	....	*Bericht der Römisch-Germanischen Kommission*
BKV	....	*Bibliothek der Kirchenväter*
BZNTW	....	*Beihefte zur Zeitschrift für die neutestamentliche Wissenschaft und die Kunde der älteren Kirche*
CARB	....	*Corsi di Cultura sull'Arte Ravennate e Bizantina*
CArch	....	*Cahiers archéologiques: fin de l'antiquité et Moyen âge. Paris*
CCL	....	*Corpus Christianorum Series Latina*
CEFR	....	*Collection de l'École française de Rome*
CIAC	....	*Congressus internationalis archaeologiae christianae*
CIL	....	*Corpus Inscriptionum Latinarum*
CSEL	....	*Corpus Scriptorum Ecclesiasticorum Latinorum*
DACL	....	*Dictionnaire d'Archéologie chrétienne et de Liturgie*
Diadora	....	*Diadora. Glasilo arheološkoga muzeja u Zadru*
DNP	....	*Der Neue Pauly*
DTT	....	*Dansk Teologisk Tidsskrift*
Ellinika Suppl.	....	*Ellinika. Revue de la Société d'Études Macédoniennes. Supplement*

ErgÖJh	....	*Ergänzungshefte zu den Jahresheften des Österreichischen Archäologischen Institutes in Wien*
FC	....	*Fontes Christiani*
FS	....	*Forschungen in Salona*
GCS	....	*Die griechischen christlichen Schriftsteller der ersten drei Jahrhunderte*
Godišnjak (Sarajevo)	....	*Godišnjak Akademija Nauka i Umjetnosti Bosne i Hercegovine (Sarajevo)*
HABES	....	*Heidelberger Althistorische Beiträge und Epigraphische Studien*
HAM	....	*Hortus Artium Medievalium. Journal of the International Research Center for Late Antiquity and Middle Ages*
HBS	....	*Herders biblische Studien*
HdO	....	*Handbuch der Orientalistik*
HistriaA	....	*Histria Archaeologica*
HistriaAnt	....	*Histria antiqua. Casopis Meotunarodnog Istrazivackog Centra za Arheologiju*
Hrvatska	....	*Godišnjak zaštite spomenika kulture Hrvatska*
IAI	....	*Izvestija na arheologičeskija institut (Sofia)*
ILCV	....	*Inscriptiones Latinae Christianae Veteres*
ILS	....	*Inscriptiones Latinae selectae*
IstMitt	....	*Istanbuler Mitteilungen des Deutschen Archäologischen Institutes*
IzdanjaHAD	....	*Izdanja Hrvatskog arheološkog društva (Zagreb)*
JA	....	*Jahrbuch für Altertumskunde*
JbAC Erg.-Bd.	....	*Jahrbuch für Antike und Christentum. Ergänzungsband*
LCI	....	*Lexikon der christlichen Ikonographie*
Leiturgia	....	*Leiturgia. Handbuch des evangelischen Gottesdienstes*
Lihnid	....	*Lihnid. Godišen Zbornik na Naradniot Muzej vo Ohrid*
LjetJAZU	....	*Ljetopis Jugoslavenske akademije znanosti i umjetnosti (Zagreb)*
LThK	....	*Lexikon für Theologie und Kirche*
MAC	....	*Monumenta artis Croatiae*
Materijali	....	*Materijali Saveza arheoloških društava Jugoslavije (Beograd)*

MBM	....	*Miscellanea Byzantina Monacensia*
MD	....	*La Maison-Dieu*
MededRom	....	*Mededelingen van het Nederlands Instituut te Rome*
MEFRA	....	*Mélanges de l'École française de Rome. Antiquité*
MGH	....	*Monumenta Germaniae historica*
Millennium	....	*Millennium. Jahrbuch zu Kultur und Geschichte des ersten Jahrtausends n. Chr.*
MFrAÖ	....	*Mitteilungen zur Frühchristlichen Archäologie in Österreich*
MThZ	....	*Münchener theologische Zeitschrift*
Nar. umjet.	....	*Narodna umjetnost. Hrvatski časopis za etnologiju i folkloristiku*
NTOA	....	*Novum testamentum et orbis antiquus. Studien zur Umwelt des Neuen Testaments*
ObavijestiHAD	....	*Obavijesti Hrvatskog arheološkog društva (Zagreb)*
OIAS	....	*Opera Instituti Archaeologici Sloveniae (Ljubljana)*
OpusA	....	*Opuscula Archaeologica (Zagreb)*
OrChr	....	*Oriens christianus*
OS	....	*Ostkirchliche Studien*
Peristil	....	*Peristil. Zbornik radova za historiju umjetnosti i arheologiju (Zagreb)*
PJZ	....	*Praistorija jugoslavenskih zemalja*
PL	....	*Patrologiae cursus completus. Series Latina*
PrilInstArheol Zagrebu	....	*Prilozi Instituta za arheologiju u Zagrebu (Zagreb)*
Prilozi	....	*Prilozi. Institut za Povijesne Znanosti Sveučilišta u Zagrebu. Odjel za Arheologiju*
PrilpuD	....	*Prilozi povijesti umjetnosti u Dalmaciji (Split)*
RAC	....	*Reallexikon für Antike und Christentum*
RAComo	....	*Rivista archeologica dell'antica provincia e diocesi di Como*
RACr	....	*Rivista di Archeologia Cristiana*
Rad. Inst. povij. umjet.	....	*Radovi Instituta za povijest umjetnosti*
RadFfZadar	....	*Radovi Filozofskog fakulteta u Zadru (Zadar)*
RadJAZU	....	*Radovi Jugoslavenske akademije znanosti i umjetnosti*

Rad. Zavoda povij. znan.	....	Radovi Zavoda za povijesne znanosti
RBK	....	Reallexikon zur byzantinischen Kunst
RFFZd	....	Razdio povijesnih znanosti. Sveučilište u Splitu, Filozofski fakultet Zadar.
RGA Erg.	....	Reallexikon der germanischen Altertumskunde Ergänzungsband
RivDal	....	Rivista Dalmatica
RömMitt.	....	Römische Mitteilungen
RPAA	....	Rendiconti della Pontificia Accademia di Archeologia. Roma
RQ	....	Römische Quartalschrift für christliche Altertumskunde und Kirchengeschichte
SAC	....	Studi di antichità cristiana
SC	....	Sources chrétiennes
ShP	....	Starohrvatska prosvjeta (Zagreb/Split)
Situla (Ljubljana)	....	Situla. Razprave Narodnega muzeja v Ljubljani
SNT	....	Supplements to Novum Testamentum
SoSchrÖAI	....	Sonderschriften des ÖAI
StANT	....	Studien zum Alten und Neuen Testament
Syria	....	Syria. Revue d'art oriental et d'archeologie
Theophaneia	....	Theophaneia. Beiträge zur Religions- und Kirchengeschichte des Altertums
TRE	....	Theologische Realenzyklopädie
VAHD	....	Vjesnik za arheologiju i historiju dalmatinsku
VAMZ	....	Vjesnik Arheološkog muzeja u Zagrebu. 3. serija
VHAD	....	Vjesnik Hrvatskoga arheološkoga društva
WZ Jena	....	Wissenschaftliche Zeitschrift der Friedrich-Schiller-Universität Jena
ZP	....	Zbornik Poreštine

INSTITUTE, MUSEEN UND SONSTIGE ÖFFENTLICHE EINRICHTUNGEN

AMS	....	Arheološki muzej Split
AMZd	....	Arheološki muzej Zadar
ANUBiH	....	Arheološki Akademija nauka i umjetnosti Bosne i Hercegovine
BAV	....	Biblioteca Apostolica Vaticana

EFA	....	Ecole française d'Athènes
HAZU	....	Hrvatska akademija znanosti i umjetnosti
IZA	....	Institut za Arheologijo (Ljubljana)
JAZU	....	Jugoslavenska akademija znanosti i umjetnosti
ÖAI	....	Österreichisches Archäologisches Institut
ÖAW	....	Österreichische Akademie der Wissenschaften
MHAS	....	Muzej hrvatskih arheoloških spomenika. Split
MNR	....	Museo Nazionale di Ravenna
ZI	....	Zentralinstituts für Kunstgeschichte in München

11. BIBLIOGRAFIE
NACH DEN RICHTLINIEN DER MITTEILUNGEN ZUR CHRISTLICHEN ARCHÄOLOGIE

G. ALFÖLDY, *Bevölkerung und Gesellschaft der römischen Provinz Dalmatien*. Budapest 1965.

DERS., Die illyrischen Provinzen Roms. Von der Vielfalt zur Einheit. In: G. URSO (Hg.), *Dall'Adriatico al Danubio. L'Illirico nell'età greca e romana* (*Atti del convegno internazionale Cividale del Friuli, 25.-27.9.2003*). Pisa 2004, 207-220.

J. BARBARIĆ, Skradin, skradinska biskupija, skradinski biskupi, Sedam stoljeća Šibenske biskupije. In: *Zbornik radova sa znanstvenog skupa Šibenska biskupija od 1298 do 1998. Šibenik 22.–26.9.1998.* Šibenik 2001, 185-207.

I. BASIĆ, Ecclesia Scardonitana. Stanje i problemi istraživanja Skardonske Ranokršćanske crkve. Stato della ricerca e problemi aperti della chiesa paleocristiana di Scardona, In:

B. KUNTIĆ-MAKVIĆ (Hg.) *Studia Varvarina* 1. Skradin 2009, 43-59

Đ. BASLER, *Spätantike und frühchristliche Architektur in Bosnien und der Herzegowina* (*Bant* 19). Wien 1993.

Š. BATOVIĆ, Liburnska grupa. *PJZ* 6 (1987) 339-390.

J. BELAMARIĆ (Hg.), *Ranokršćanske dvojne crkve u starom gradu na Hvaru* (*XIII. CIAC*). Split 1994.

DERS., *Ranokršćanski spomenici otoka Brača (XIII. CIAC)*. Split 1994.

J. BELOŠEVIĆ, Nin u srednjem vijeku. In: M. SUIĆ, *Nin. Problemi arheoloških istraživanja*. Zadar 1968, 53-63.

DERS., Prethodni izvještaj o rezultatima istraživanja lokaliteta Crkvine u selu Galovcu kod Zadra. *RFFZd* 28/15 (1989) 71-81.

DERS., Osvrt na rezultate istraživanja lokaliteta Crkvine u selu Galovcu kod Zadra u 1989. godini. *RFFZd* 29/16 (1990) 231-239.

DERS., O rezultatima istraživanja lokaliteta Crkvine u selu Galovcu kod Zadra u 1990. godini. *RFFZd* 30/17 (1992) 79-91.

DERS., Prozorske rešetke ranokršćanske crkve sv. Bartolomeja na Crkvini u Galovacu kod Zadra. *Diadora* 15 (1993) 85-102.

DERS., Ishodi pete, završne kampanje istraživanja lokaliteta Crkvine u selu Galovcu kod Zadra. *RFFZd* 31/18 (1993) 121-142.

DERS., Dva predromanička ciborija iz Crkvine u Galovcu kod Zadra. *RFFZd* 32/19 (1993) 177-214.

DERS., Ograda svetišta ranokršćanske crkve Sv. Bartolomeja sa Crkvine u Galovcu kod Zadra. *RFFZd* 33/20 (1994) 121-143.

DERS., Novopronađeni ulomci predromaničkih ciborija i oltara s Crkvine u Galovcu kod Zadra. *RFFZd* 34/21 (1995) 151-160.

DERS., Osvrt na konačne ishode istraživanja položaja Crkvina di Galovacu kod Zadra. *Diadora* 18/19 (1997) 301-350.

DERS., Il complesso dell'architectura paleocristiana a Crkvina di Galovac nei pressi di Zadar. In: N. CAMBI – E. MARIN (Hg.), *Acta XIII. CIAC Split – Poreč, 25.9–1.10.1994 (SAC 54)*. Split – Vatikan 1998, 69-104.

C. F. BIANCHI, *Zara cristiana* 1. Zadar 1877.

R. BRATOŽ, Christianisierung des Nordadria- und Westbalkanraumes im 4. Jh. In: DERS., *Westillyricum und Nordostitalien in der spätrömischen Zeit*. Ljubljana 1996, 299-362.

DERS., Doppelkirchen auf dem östlichen Einflussgebiet der aquileia-nischen Kirche und die Frage des Einflusses Aquileias. *AnTard* 4 (1996) 133-141.

DERS., Il primo cristianesimo in Dalmazia. *AA* 66. Triest 2008, 221-262.

J. BRAUN, *Der christliche Altar in seiner geschichtlichen Entwicklung 1. Arten, Bestandteile, Altargrab, Weihe, Symbolik.* München 1924.

DERS., *Der christliche Altar in seiner geschichtlichen Entwicklung 2. Die Ausstattung des Altars, Antependien, Velen, Leuchterbank, Stufen, Ciborium und Baldachin, Retabel, Reliquien und Sakramentsaltar, Altarschranken.* München 1924.

V. BRUNELLI, Historia Ecclesie Iadrensis auctore Valerio Ponte archidiacono. *RivDal* 4/2 (1908) 191-232.

DERS., *Storia della citta di Zara.* Venezia 1913.

S. ČAČE, Dalmatica Straboniana. *Diadora* 16/17 (1995) 101-133.

N. CAMBI, Neki problemi starokršćanske arheologije na istočnoj jadranskoj obali. *Materijali* 12. Zadar 1972, 239-282.

DERS., Starokršćanska crkvena arhitektura na području salonitanske metropolije. *Arh. Vest.* 29 (1978) 606-626.

DERS., Triconch Churches on the Eastern Adriatic. In: *Actes du X. CIAC Thessalonique, 28.9.–4.10.1980 (SAC* 37). Thessaloniki – Vatikan 1984, 45-54.

DERS., Područje Šibenske biskupije u ranokršćansko doba. Sedam stoljeća Šibenske biskupije, In: *Zbornik radova sa znanstvenog skupa Šibenska biskupija od 1298 do 1998. Šibenik 22.-26.9.1998.* Šibenik 2001, 9-20.

DERS., Srima i dvojne bazilike u Dalmaciji. In: Z. GUNJAČA u. a., *Srima – Prižba. Starokršćanske dvojne bazilike.* Šibenik 2005, 71-122.

DERS., La cristianizzazione della Dalmazia. Aspetto archeologico. *AA* 66 (2008) 263-299.

J. CHAPMAN – R. SHIEL – Š. BATOVIĆ, *The Changing Face of Dalmatia. Archaeological and Ecological Studies in a Mediterranean Landscape* (*Reports of the Research Committee of the Society of Antiquaries of London* 54). London 1996.

P. CHEVALIER, Les baptistères paléochrétiens de la province romaine de Dalmatie. *Diadora* 10 (1988) 111-163.

DIES., Les sièges du clergé et des fidèles dans les églises paléochrétiennes de Dalmatie. *VAHD* 83 (1990) 61-82.

DIES., Les Églises Doubles de Dalmatie et de Bosnie-Herzégovine. *AnTard* 4 (1996) 149-159.

DIES., Les installations liturgiques des églises d'Istrie du Vᵉ au VIIᵉ siècle. *HAM* 5 (1999) 105-117.

DIES., Salona. *L'architecture paléochrétienne de la province romaine de Dalmatie (IVᵉ-VIIᵉ s.). En dehors de la capitale. Salona* 2 (*CEFR* 194/2). Rom – Split 1995.

M. DOMIJAN – I. PETRICIOLI – P. VEŽIĆ, *Sjaj zadarskih riznica. Sakralna umjetnost na području Zadarske nadbiskupije od 4. do 18. Stoljeća.* Zagreb 1990.

R. DRECHSLER-BIŽIĆ, Japodska grupa. *PJZ* 5 (1987) 391-441.

E. DYGGVE, Die altchristlichen Kultbauten an der Westküste der Balkanhalbinsel. In: *Atti del IV. CIAC.* Vatikan 1940, 391-414.

DERS., Recherches et explorations archéologiques danoises dans la péninsule des Balkans, en Égypte et dans le Proche-Orient. *Le Nord* 4 (1943) 133-164.

E. DYGGVE – R. EGGER, *Der altchristliche Friedhof Marusinac* (*FS* 3). Wien 1939.

D. DŽINO, *Illyricum in Roman politics 229 BC – AD 68.* Cambridge 2010.

R. EITELBERGER, *Die mittelalterlichen Kunstdenkmäler in Dalmatien.* Wien 1861.

D. FARLATI, *Illyricum sacrum* 5. Venedig 1751.

A. GATTIGLIA, Architettura simbolica di età giustinianea nei Balcani: la tricora. In: *Acta XIII. CIAC Split-Poreč, 25.9.–1.10.1994* (*VAHD* 87/89,2). Split 1998, 189-206.

D. GAVISON – V. GAFFNEY – E. MARIN (Hg.), *Dalmatia. Research in the Roman Province 1970-2001. Papers in honour of J. J. Wilkes* (*BARIntSer* 1576). Oxford 2006, 107-109.

W. GERBER, *Altchristliche Kultbauten Istriens und Dalmatiens.* Dresden 1912.

I. GLAVAŠ, Rimske ceste oko Skardone u svjetlu novih nalaza. *VAHD* 104 (2011) 168-179.

M. GLAVIČIĆ, O municipalitetu antičke Skardone. In: D. MARGUŠ, *Simpozij Rijeka Krka i Nacionalni park "Krk". Prirodna i kulturna baština, zastita i održivi razvitak.* Šibenik 2007, 251-257.

S. GUNJAČA, Srednjovjekovni Dolac kod Novigrada. *ShP* 8-9 (1963) 7-66.

DERS., Rezultati neobjavljenih i najnovijih arheoloških istraživanja antičkih i srednjovjekovnih lokaliteta na šibenskom području. Novija i neobjavljena istraživanja u Dalmaciji. *IzdanjaHAD* 3 (1978) 69-82.

DERS., Kompleks starokršćanske arhitekture na Srimi kod Šibenika. *Arh. Vest.* 29 (1978) 226-269.

DERS., Krstionica starokršćanske dvojne bazilike na Srimi. *Lihnid* 7 (1989) 165-179.

DERS., Cisterna starokršćanske dvojne bazilike na Srimi. *Diadora* 13 (1994) 269-290.

DERS., Srima – Prižba. *Ostaci arhitekture i analiza građevinskih faza* (*Povremena izdanja* 21). Šibenik 2005.

Z. GUNJAČA u. a., *Srima – Prižba. Starokršćanske dvojne bazilike.* Šibenik 2005.

Ć.-M. IVEKOVIĆ, *Die Entwicklung der mittelalterlichen Baukunst in Dalmatien.* Wien 1910.

DERS., *Građevinski i umjetnički spomenici Dalmacije. Zadar.*
Belgrad 1928.

T. G. JACKSON, *Dalmatia. The Quarnero and Istria.* Oxford 1887.

S. JAKOBS, *Die frühchristlichen Ambone Griechenlands.* Bonn 1987.

L. JELIĆ, Spomenici grada Nina. *VHAD* 6 (1902) 103-116.

J. JELIČIĆ-RADONIĆ, Ranokršćanski oltar u Gatima. *PrilPovUmDalm* 31
(1991) 5-12.

DIES., Liturgical installations in the Roman province of Dalmatia. *HAM* 5
(1999) 133-145.

DIES., Altar types in early Christian churches in the province of Dalmatia.
HAM 11 (2005) 19-28.

DIES., Salona at the time of bishop Hesychius. *HAM* 13,1 (2007) 13-24.

I. JOSIPOVIĆ, Majstor koljanskog pluteja u stilskom razvrstavanju
predromaničke skulpture iz Galovca kod Zadra. *Rad. Inst. povij.*
umjet. 34 (2010) 7-18.

L. KARAMAN, O nekim novijim publikacijama o historiji umjetnosti u
Dalmaciji. *VAHD* 45 (1922) 105-152.

A. KHATCHATRIAN, *Les baptistères paléochrétiens. Plans, notices et*
bibliographie (Collection chrétienne et byzantine). Paris 1962.

N. KLAIĆ, *Historia Salonitana maior.* Belgard 1967

N. KLAIĆ – I. PETRICIOLI, *Zadar u srednjem vijeku do 1409 (Prošlost*
Zadra 2). Zadar 1976.

M. KOLEGA, Nin – zašitna istraživanja u sklopu župne crkve sv. Asela.
ObavijestiHAD 28,3 (1996) 43-48.

DIES., Nin – arheološka istraživanja u sklopu župne crkve sv. Asela
(Anselma). *Obavijesti-HAD* 33,2 (2001) 83-90.

DIES., Nin – nadžupni kompleks Sv. Anselma (Asela), istraživanja godine
2001. *Obavijesti-HAD* 34,2 (2002) 73-78.

DIES., *Guide. Archaeological Museum in Zadar. Museum of Nin*
Antiquities. Zadar 2010.

I. KUKULJEVIĆ, *Izvjestje o putovanju po Dalmaciji u jesen* 1854. Zagreb 1855.

D. MARŠIĆ, Skulptura. In: Z. GUNJAČA u. a., *Srima – Prižba. Starokršćanske dvojne bazilike.* Šibenik 2005, 71-122

DERS., Grobovi. In: GUNJAČA u. a. 2005, 207-218.

T. F. MATHEWS, An early chancel arrangement and its liturgical function. *RACr* 38 (1962) 73-95.

R. MATIJAŠIĆ, *Povijest Hrvatskih zemalja u kasnoj antici od Dioklecijana do Justinijana (Povijest Hravatskih zemalja u antici* 2). Zagreb 2012.

J. MEDINI, Provincija Liburnija. *Diadora* 9 (1980) 363-441.

DERS., Zavjetni žrtvenik iz Galovca. *RFFZd* 26/13 (1987) 125 f.

A. MIŠKOVIĆ, Prostor i funkcije sakristije u ranokršćanskom razdoblju na primjeru zadarskoga episkopalnog sklopa. *Ars Adriatica* 3 (2013) 7-20.

DERS., Kalvarije na ranokršćanskim plutejima sa zadarskog područja. *Bogoslovska smotra* 83,4 (2013) 859-876.

B. MIGOTTI, Dekorativna ranokršćanska plastika jaderskog i salonitanskog područja. Temeljne osobine i međusobne razlike. *Diadora* 13 (1991) 291-312.

DIES., Dalmacija na razmeđi Istoka i Zapada u svjetlu međusobnog odnosa jaderske i salonitanske ranokršćanske crkve. *VAMZ* 24/25 (1991/92) 163-182.

DIES., Ranokršćanska biskupija Scardona (Skradin). *PrillInstArheol* 9 (1992)101-112.

DIES., Zusatz zur Datierung der außerstädtischen früchchristlichen Architektur des breiteren salonitanischen Bereiches. *Arh. Vest.* 43 (1992) 111-133.

DIES., Vrste i namjene ranokršćanskih zdanja u Dalmaciji. *RFFZd* 34 (1995) 113-144.

H. PARZINGER, Archäologisches zur Frage der Illyrier. *BerRGK* 72 (1991) 205-261.

I. PAVIĆ, *Zu Ritus und Liturgie im spätantiken Salona, Dalmatien. Fund- und Quellenbestand vom 4. bis in das 7. Jh. Unpubl. Diss.* Wien 2004.

DIES., Untersuchungen zu Liturgie und Ritus im spätantiken Salona. Ambone und Fußwaschbecken. In: M. ALTRIPP – C. NAUERTH (Hg.), *Architektur und Liturgie. Akten des Kol-loquiums vom 25. bis 27. Juli 2003 in Greifswald (Spätantike - Frühes Christentum - Byzanz. Reihe B. Studien und Perspektiven* 21). Wiesbaden 2006, 39-51.

I. PEDIŠIĆ, Murter – najnovija arheološka istraživanja. *ObavijestiHAD* 34,1. Zagreb 1999, 58-62.

I. PETRICIOLI, Ranosrednjovjekovni natpisi iz Zadra. *Diadora* 2 (1962) 254f.

DERS., I più antichi edifici cristiani a Zadar. *Arh. Vest.* 23 (1972) 332-342.

DERS., Reljef konjanika iz Prigrade. *Diadora* 8 (1975) 111-117.

DERS., Pavimenti musivi paleocristiani della cattedrale di Zara. *AMSI* 91 (1991) 7-16.

S. PIUSSI, Le basiliche cruciformi nell'area adriatica. Aquileia e Ravenna. *AA* 13 (1977) 476-480.

A. PÜLZ, *Frühchristliche Baptisterien in Bosnien und der Herzegowina liturgiegeschichtlich untersucht. Unpubl. Diss.* Wien 1992.

DERS., Die Lage der Piszinen in den spätantiken Baptisterien Bosniens und der Herzegowina und ihre Auswirkungen auf den Taufablauf. *Heiliger Dienst* 48 (1994) 307-317.

A. RENDIĆ-MIOČEVIĆ, Les traditions autochtones dans les représentations culturelles figurées sur le territoire des Dalmates Illyriens, In: P. NOELKE – F. NAUMANN-STECKNER – B. SCHNEIDER (Hg.), Romanisation und Resistenz. In: *Plastik, Architektur und Inschriften der Provinzen des Imperium Romanum. Neue Funde und Forschungen (Akten des VII. Internationalen*

Colloquiums über Probleme des provinzialrömischen Kunst-schaffens, Köln 2.–6.5. 2001. Mainz 2003, 407-419.

S. RISTOW, *Frühchristliche Baptisterien* (*JbAC Erg.-Bd.* 27). Münster 1998.

M. ŠAŠEL KOS, *Appian and Illyricum* (*Situla* 43). Ljubljana 2005.

J.-P. SODINI, Note sur deux variantes régionales dans les basiliques de Grèce et des Balkans. Le tribèlon et l'emplacement de l'ambon. *BCH* 99 (1975) 581-588.

DERS., Les dispositifs liturgiques des basiliques paléochretiennes en Grèce et dans les Balkans. In: *CARB* 31. Ravenna 1984, 441-473.

DERS., L'ambon dans l'église primitive. *MD* 193 (1993) 39-51.

A. ŠONJE, *Bizant i crkveno graditeljstvo u Istri* (*Biblioteka Dometi. Nova serija* 6). Rijeka 1981.

Z. STRIKA, Kada I gdje se prvi put spominje zadarski biskup? *Rad. Zavoda povij. znan. HAZU Zadru* 46 (2004) 31-64.

M. SUIĆ, Antički Nin (Aenona) i njegovi spomenici. Povijest grada Nina. *Rad. Zavoda povij. znan. HAZU* 16 (1969) 61-104.

DERS., *Antički grad na istočnom Jadranu*. Zagreb 1976.

DERS., *Zadar u starom vijeku*. Zadar 1981.

M. SUIĆ – M. PERINIĆ, Revizija iskapanja ninskog baptisterija. *Diadora* 2 (1962) 317-320.

U. THILO, *Studien zur dekorativen Reliefplastik des östlichen Mittel-meerraumes. Schrankenplatten des 4.-10. Jahrhunderts* (*MBM* 10). München 1969.

A. UGLEŠIĆ, Rimska provincija Dalmacija pod vlašću Istočnih Gota. *RadFfZadar* 30/17 (1992) 65-77.

DERS., Još jednom o datiranju ranokršćanskog pluteja iz Posedarja kod Zadra. *Diadora* 15 (1993) 145-156.

DERS., *Ranokršćanska arhitektura na području današnje Zadarske nadbiskupije*. Zadar 2002.

DERS., *Dvojne ranokršćanske crkve u Podvršu.* Šibenik 2002.

DERS., *Ranokršćanska arhitektura na području današnje Šibenske
biskupije.* Drniš – Zadar 2006.

A. UGLEŠIĆ – J. BARAKA, Podvršje – Glavčine, Un nuovo caso di
chiese doppie in Dalmatia. In: *Acta XV. CIAC Toleti,* 8.–12.9.2008
(*SAC* 65). Vatikan 2013, 1207-1215.

N. URODA, Prilog poznavanju ranokršćanske crkve na lokalitetu Bičina u
Polači. *OpusA* 34 (2010) 241-254.

P. VEŽIĆ, Vežić, Starokršćanski sloj katedrale u Zadru. *Diadora* 10 (1986)
165-183.

DERS., *Starokršćanska arhitektura u Zadru i na zadarskom području.*
(*Godišnjak zaštite spomenika kulture Hrvatska* 12). Zagreb 1986.

DERS., Sklop župne crkve sv. Asela, bivše katedrale u Ninu. *ShP* 15
(1986) 201-215.

DERS., Rezultati istraživanja u prostoru sakristije do katedrale u Zadru.
Diadora 12 (1990) 301-326.

DERS., Ulomak starokršćanskog pluteja iz Posedarja nedaleko od Zadra.
Diadora 14 (1992) 291-299.

DERS., Zadar na pragu kršćanstva. *Diadora* 15 (1993) 29-54.

DERS., Bazilika Sv. Ivana Krstitelja (Sv. Nediljica) u Zadru. Rad. *Inst.
povij. umjet.* 23 (1999) 7-16.

DERS., *Zadar na pragu kršćanstva. Arhitektura ranoga kršćanstva u
Zadru i na zadarskome području.* Zadar 2005.

DERS., Ranokršćanski reljefi i arhitektonska plastika u Zadru i na
zadarskome području – prilog poznavanju ranokršćanske skulpture u
Dalmaciji. *Diadora* 22 (2007) 119-158.

DERS., Dalmatinski trkonhosi. *Ars adriatica* 1 (2011) 27-66.

DERS., *Episkopalni kompleks u Zadru.* Zadar 2013.

J. J. WILKES, *Dalmatia.* (*History of the provinces of the Roman Empire*
2). London 1969.

DERS., Army and Society in Roman Dalmatia. In: G. ALFÖLDY – B.
DOBSON – W. ECK (Hg.), *Kaiser, Heer und Gesellschaft in der
römischen Kaiserzeit. Gedenkschrift für Eric Birley* (*HABES* 31).
Stuttgart 2000, 327-341.

M. ZANINOVIĆ, The Economy of Roman Dalmatia, In: H. TEMPORINI
– W. HAASE (Hg.), *ANRW* 6. Berlin – New York 1977, 767-809.

DERS., Liburnia Militaris. *OpusA* 13 (1988) 43–67.

DERS., Rider izmedu Salone e Scardone. *ARadRaspr* 12 (1996) 307-323.

DERS., Scardona i Rider – flavijevske fundacije. *IzdanjaHAD* 19 (1998)
121-129.

DERS., *Ilirsko pleme Delmati.* Šibenik 2007, 97-101.

DERS., Ranokršćanski sakralni kompleks „Crkvina" u selu Trbounje kod
Drniša. *ArchAdriatica* 2,2 (2008) 529-542.

A. ZARADIJA KIŠ, Between West and East: A particularity of the
Croatian Island Cult of St. Martin. *Nar. umjet.* 41/1 (2004) 41-52.

M. ZORIĆ, *Ivinj. Crkva Sv. Martina. Rezultati arheološjig istraživanja.*
Šibenik 1994.

DIES., Ivinj. Ranokršćanska bazilika s krstionicom. *ObavijestiHAD* 31,3
(1999) 103-108.

12. BILDQUELLENNACHWEIS

Abb. 1: Presbyterium mit halbrunder Apsis, Johannesbasilika,
Muline/Ugljan (Foto: J. BARAKA PERICA)

Abb. 2: Frühchristliche Kirche, Danilo (UGLEŠIĆ [2006] 41 Abb. 32)

Abb. 3: Piszine, Dreischiffige Basilika, Ivinj (Foto: Verf.)

Abb. 4: Stammesverbände auf dem Gebiet der Provinz Dalmatia (M.
SANADER, Eine römische Provinz an der Adria [2009] 14
Abb. 4)

Abb. 21: Kantharos mit flankierendem Hirsch und Hindin, Polychromes Fußbodenmosaik, Saalkirche, Zadar (Foto: Verf.)

Abb. 22: Akanthusblätter mit Flechtbandbordüre, Polychromes Fußbodenmosaik, Saalkirche, Zadar (Foto: Verf.)

Abb. 23: Nin. Luftbildaufnahme nach http://www.nin.hr/de (zuletzt eingesehen am 5.10.2015)

Abb. 24: Gebäude mit halbrunder Apsis bei der Pfarrkirche St. Anselm, Ansicht von Westen, Nin (VEŽIĆ [2005] 114)

Abb. 25: Tellerfragment mit A-Ω-Verzierung, Antikenmuseum Nin (Foto: Verf.)

Abb. 26: Piszine, Gebäude mit halbrunder Apsis bei der Pfarrkirche St. Anselm, Nin (VEŽIĆ [2005] 154)

Abb. 27: Saalkirche (5./6. Jh.) mit Nebengebäude, Grundriss, Nin (VEŽIĆ [2005] 113)

Abb. 28: Cancellifragmente (9. Jh.), Antikenmuseum Nin (Foto: Verf.)

Abb. 29: Kalksteinpilaster mit Weinrankenverzierung, Antikenmuseum Nin (Foto: Verf.)

Abb. 30: Lageplan der eisenzeitlichen Ansiedlung bei Podvršje/Glavčine (UGLEŠIĆ – BARAKA [2013] 1213 Abb. 1)

Abb. 31: Sog. frühchristliche Doppelkirche (6. Jh.), Podvršje/Glavčine (UGLEŠIĆ – BARAKA [2013] 1213 Abb. 2)

Abb. 32: Brandschicht innerhalb der sog. Doppelkirche, Podvršje/Glavčine (Foto: J. BARAKA PERICA)

Abb. 33: Synthronon und Kathedra mit *suppedaneum*, Südliche Saalkirche, Podvršje/Glavčine (Foto: J. BARAKA PERICA)

Abb. 34: Templonanlage, Südliche Saalkirche, Rekonstruktion, Podvršje/Glavčine, Universität Zadar

Abb. 35: Südliche Saalkirche mit Nebenräumen (5. Jh.), Podvršje/Glavčine (UGLEŠIĆ – BARAKA [2013] 1214 Abb. 3)

Abb. 66: Archäologische Stätte Ivinj mit Martinskirche, Luftbildaufnahme nach http://www.aquarius-online.com/en/amenities/ivinj-archeol-site (zuletzt eingesehen am 7.10.2015)

Abb. 67: Reste der *villa maritima* mit frühchristlicher Basilika und Martinskirche, Ansicht von Osten (Foto: Verf.)

Abb. 68: Dreischiffige Basilika mit Baptisterium (6. Jh.), Grundriss, Ivinj (ZORIĆ [1999] 107 Abb. 3)

Abb. 69: Backsteinsockel, Laienraum, Dreischiffige Basilika, Ivinj (Foto: Verf.)

Abb. 70: Dreischiffige Basilika, Ansicht von Südwesten, Ivinj (Foto: Verf.)

Abb. 71: Bema und Pastophorien, Ansicht von Nordosten, Dreischiffige Basilika, Ivinj (Foto: Verf.)

Abb. 72: Baptisterium, Ansicht von Norden, Dreischiffige Basilika, Ivinj (Foto: Verf.)

Abb. 73: Lageplan, Trbounje/Čupići nach https://www.google.at/maps/place/Trbounje+Kroatien(zuletzt eingesehen am 7.10.2015)

Abb. 74: Saalkirche (5. Jh.), Ansicht von Westen, Trbounje/Čupići (Foto: Verf.)

Abb. 75: Kirchengruppe (6. Jh.) und Reste einer *villa rustica*, Grundriss, Trbounje/Čupići (ZANINOVIĆ [2008] 531 Abb. 2)

Abb. 76: Krypta, Kirchenraum, Nordtrakt, Trbounje/Čupići (Foto: Verf.)

Abb. 77: Apsis mit Synthronon, Ansicht von Westen, Nordkirche (6. Jh.), Trbounje/Čupići (Foto: Verf.)

Abb. 78: Fensterpilaster, Südkirche, Trbounje/Čupići (UGLEŠIĆ [2006] 46 Abb. 41a)

Abb. 79: Narthex, Nordkirche (6. Jh.), Ansicht von Westen, Trbounje/Čupići (Foto: Verf.)

Abb. 80: Baptisterium, Grundriss, Kirchengruppe, Trbounje/Čupići (ZANINOVIĆ [2008] 531 Abb. 2)

Abb. 95:   Grundrisse der Saalkirchenkomplexe mit Trikonchen in:
1 Pridraga, 2 Bilice, 3 Cim, 4 Založje, 5 Gata (VEŽIĆ [2005]
142)

Abb. 96:   Lageplan, Saalkirchenkomplexe mit Trikonchen in Dalmatien
(Dunlop Roadmap Europe)

Abb. 97: Grundrisse der dreischiffigen Basiliken mit eingezogener Apsis in
Syrien: 1 Mushabbak, 2 Djeradeh, 3 Ruweha (DELVOYE [1966]
251f.)

Abb. 98: Apsis mit angrenzenden Pastophorien, Friedhofsbasilika, Kapljuč
(Foto: Verf.)

Abb. 99: Lageplan, Dreischiffige Basiliken mit eingezogener Apsis in
Istrien und Dalmatien (Dunlop Roadmap Europe)

Abb. 100: Grundrisse der dreischiffigen Basiliken mit eingezogener Apsis
in Dalmatien und Istrien: 1 Zadar, 2 Novalja/Pag, 3 Kapljuč,
4 Stobreč, 5 Mirine/Krk, 6 Ivinj (VEŽIĆ [2005] 149)

Abb. 101: Sog. Doppelkirche, Außenansicht von Osten, Rekonstruktion,
Srima/Prižba (UGLEŠIĆ [2006] 30 Abb. 19)

Abb. 102: Grundrisse: 1 Theodorianische Bischofskirche/Aquileia,
2 Episkopaler Komplex/Pola (T. LEHMANN, I mosaici nelle
aule teodoriane sotto la basilica patriarcale di Aquileia: Status
quaestionis. AA 62 [2006] 62, G. CUSCITO, La cristianizzazione della costa altoadriatica. AA 66 [2008] 73)

Abb. 103: Kirchengruppe, Luftbildaufnahme, Nesactium/Vižače, (K.
MIHOVILIĆ – R. MATIJAŠIĆ, Nesactium [1999] 24)

Abb. 104: Tripelkirche, Tonovcov Grad bei Kobarid (Foto S.
CIGLENEČKI)

Abb. 105: Episkopale Kirchengruppe, Grundrisse der Bauphasen, Salona
(CAMBI [2008] 268 Abb. 4)

Abb. 106: Kirchengruppe, Grundriss, Žitomislići (JELIČIĆ-RADONIĆ
[1994] 36)

Abb. 107: Lageplan, Kirchengruppen in Dalmatien (Dunlop Roadmap
Europe)

Abb. 108: Sog. Doppelkirchen: 1 Podvršje/Glavcine, 2 Prižba/Srima (VEŽIĆ [2005] 157)

Abb. 109: Baptisterium der Lateranbasilika San Giovanni in Fonte, Rom (Foto: Verf.)

Abb. 110: Sog. Taufbecken, Rekonstruktion, Baptisterium (?), Dura Europos. Rekonstruktion (MARTIN, Das Alte Rom. Geschichte des Imperium Romanum [1994] 297)

Abb. 111: Trapezoides Baptisterium, Dreischiffige Basilika, Ivinj (Foto: Verf.)

Abb. 112: San Giovanni alle fonti, Baptisterium, Grundriss (S. LUSUARDI SIENA, Il Complesso episcopale di Milano. AnTard 4 [1996] 132)

Abb. 113: Hexagonale Baptisterien, Grundrisse: 1 Portbail, 2 Zadar (VEŽIĆ [2005] 150)

Abb. 114: Oktogonales Baptisterium mit kreuzförmiger Piszine, Episkopaler Komplex, Salona (Foto: Verf.)

Abb. 115: Oktogon mit angefügten Apsiden, Baptisterium der Arianer, Ravenna (Foto: Verf.)

Abb. 116: Oktogonale Baptisterien mit angefügter Apsis, Grundrisse: 1 Grado, 2 Pridraga (VEŽIĆ [2005] 144)

Abb. 117: Baptisterium, Euphrasius Basilika, Poreč (Foto: Verf.)

Abb. 118: Kreuzförmige Piszine mit Ziborium, Baptisterium, Saalkirchenkomplex, Lovrečina/Brač (Foto: J. BARAKA PERICA)

Abb. 119: Kreuzförmiges Taufbecken und Reste der oktogonalen Piszine, Podvršje/Glavčine (VEŽIĆ [2005] 154)

Abb. 120: Runde Piszine und Reste des kreuzförmigen Beckens, Prižba/Srima (Foto: Verf.)

Abb. 121: Hexagonale Piszine, Baptisterium, Bischofsbasilika, Aquileia (Foto: Verf.)

Abb. 122: Hexagonale Piszine, Baptisterium, Saalkirche, Pridraga
(Foto: Verf.)

Abb. 123: Runde Piszine, Baptisterium, Sog. Doppelkirche, Prižba/Srima
(Foto: Verf.)

Abb. 124: Lageplan und Formen der Piszinen in Dalmatien (CHEVALIER
(Salona 2,2) [1995] 164, ergänzt vom Verf.)

Abb. 125: Baptisterium, San Giovanni alle fonti, Mailand (Foto: T.
GEHRINGER)

Abb. 126: Taufablauf (6. Jh.), Grundriss, Baptisterium, Prižba/Srima
(GUNJAČA [2005] 23 Abb. 18)

Abb. 127: Baptisterium, Saalkirchenkomplex, Pridraga (VEŽIĆ [2005] 93)

Abb. 128: Baptisterium, Sog. Doppelkirche, Srima/Prižba (Foto: Verf.)

Abb. 129: Lageplan zu den Piszinen in Dalmatien mit Angabe ihrer
Ausrichtung (CHEVALIER Salona 2,2 [1995] 164, ergänzt
vom Verf.)

Abb. 130: Baptisterium (5. Jh.), Grundriss, Petersbasilika, Zadar
(VEŽIĆ [2005] 41)

Abb. 131: Taufszene, Fresko, Sakramentskapelle 2, Katakombe San
Callisto (C. PAVIA, Guida delle catacombe romane dai Tituli
all'Ipogeo di via Dino Compagni [2000] 210)

Abb. 132: Nördliche Saalkirche (5. Jh.), Grundriss, Prižba/Srima
(GUNJAČA [2005] 18 Abb. 9)

Abb. 133: Baptisterium mit Nebenraum, Grundriss, Kirchengruppe,
Trbounje/Čupići (ZANINOVIĆ [2008] 531 Abb. 2)

Abb. 134: Das letzte Abendmahl, Christologischer Zyklus, Detail,
Mittelschiffmosaik, Sant'Apollinare Nuovo, Ravenna
(Foto: Verf.)

Abb. 135: Tischaltar, Kuppelmosaik, Detail, Baptisterium der Orthodoxen,
Ravenna (Foto: Verf.)

Abb. 136: Altarplatte, Saalkirche Prižba/Srima, Stadtmuseum Šibenik Depot (GUNJAČA [2005] 131 Kat. Nr. 20)

Abb. 137: Tischaltar, Rekonstruktion, Saalkirche Prižba/Srima (GUNJAČA [2005] 101 Abb. 22)

Abb. 138: Mensabodenplatte mit Säulenschaftfragmenten des Ziboriums, Sog. Doppelkirche Podvršje/Glavčine (Foto: J. BARAKA PERICA)

Abb. 139: Mensabodenplatte, Marienkirche, Brioni (Foto: A. PÜLZ)

Abb. 140: Blockaltarfragment, Euphrasius-Basilika, Poreč (Foto: Verf.)

Abb. 141: Blockaltar mit *fenestella confessionis*, Rekonstruktion, Frühchristliche Kirche, Gata (JELIČIĆ-RADONIĆ [1991] 17)

Abb. 142: Bema mit rechteckiger Ausnehmung unter dem Altar, Dreischiffige Basilika, Ivinj (Foto: Verf.)

Abb. 143: *Confessio*, Bema, Basilika, Sepen/Krk (Foto: Verf.)

Abb. 144: Grabkammer unter dem Bema, Saalkirche Trbounje/Čupići (Foto: Verf.)

Abb. 145: Altarraum mit Verankerungsplatten des Ziboriums, Sog. Doppelkirche, Prižba/Srima (Foto: Verf.)

Abb. 146: Tischaltar mit Säulen des Ziboriums, Podvršje/Glavčine, Rekonstruktion, Universität Zadar

Abb. 147: Synthronon, Saalkirchenkomplex, Trbounje/Čupići (Foto: Verf.)

Abb. 148: Reste der freistehenden Priesterbank mit *deambulatorium*, Marienkirche, Novalja/Pag (Foto: Verf.)

Abb. 149: Freistehende Priesterbank, Presbyterium, Episkopalbasilika, Salona (Foto: Verf.)

Abb. 150: Synthronon und Kathedra mit *suppedaneum*, Südliche Saalkirche, Podvršje/Glavčine (Foto: J. BARAKA PERICA)

Abb. 151: Priesterbank mit Kathedra, Dreischiffige Basilika, Ivinj (Foto: Verf.)

Abb. 152: Synthronon mit Kathedra (5. Jh.), Santa Maria delle Grazie, Grado (Foto: Verf.)

Abb. 153: Elfenbeinkathedra des Maximian (6.Jh.), Museo arcivescovile di Ravenna (BOVINI [2006] 119 Abb. 92)

Abb. 154: Bischof mit Klerus bei der Kreuzerhöhungsfeier auf einem Ambo, Miniatur auf Goldgrund (um 1000), Menologion Basileios' II., BAV, Vat. Gr. 1613, 35

Abb. 155: Ambo, Sant'Apollinare Nuovo, Ravenna (Foto: Verf.)

Abb. 156: Ambo mit gegenüberliegenden Treppen, Hagia Sophia, Istanbul (Foto: Verf.)

Abb. 157: Kirchenraum mit Resten des Ambosockels, Nordkirche, Srima/Prižba (GUNJAČA [2005] 5)

Abb. 158: Ambo aus dem Südtrakt der sog. Doppelkirche von Srima/Prižba, Rekonstruktion (GUNJAČA [2005] 112 Abb. 28)

Abb. 159: Teil des Parapets, Kalkstein, Ambo aus dem Südtrakt der sog. Doppelkirche von Srima/Prižba, Rekonstruktion (GUNJAČA [2005] 107 Abb. 26)

Abb. 160: Kalksteinplatten des Ambo, Marthakirche/Bijaći, Lapidarium, AMS (Foto: Verf.)

Abb. 161: Oratiorelief, Konstantinbogen, Rom (Foto: Verf.)

Abb. 162: Sockelrelief, Obelisk des Theodosius, Istanbul (Foto: Verf.)

Abb. 163: Schrankenplattenfragment mit Gittermuster, Peterskirche, Zadar, AMZd Depot (VEŽIĆ [2005] 23)

Abb. 164: Säulchenschrankenplatte, Manastirine, Lapidarium, AMS (Foto: Verf.)

Abb. 165a: Kalksteinpilaster mit Weinrankenverzierung, Pfarrkirche St. Anselm, Antikenmuseum Nin (Foto: Verf.)

Abb. 165b: Dionysosstatue, Detail, Palazzo Altemps, Inv. Nr. 60920, Rom (Foto: Verf.)

Abb. 166: Florales Marmorrelief, Portal, Ara Pacis, Museo dell'Ara Pacis, Rom (Foto: Verf.)

Abb. 167: Schrankenplatte mit Lebensbaummotiv, Prokonnesischer Marmor, Sant'Apollinare Nuovo, Ravenna (Foto: Verf.)

Abb. 168: Kalksteinplatte mit Lebensbaummotiv, Posedarje, AMZd (Foto: Verf.)

Abb. 169: Schrankenplatte, Kalkstein, Michaelskirche, Kijevo/Gradina (UGLEŠIĆ [2006] Abb. 51)

Abb. 170: Kuppelmosaik, Detail, Baptisterium der Orthodoxen, Ravenna (Foto: Verf.)

Abb. 171: Kalksteinplatte mit Schuppenmuster und Lilien, Lapidarium, AMS (Foto: Verf.)

Abb. 172: Schrankenplatte mit oktogonaler Gliederung und griechischen Kreuzen, Kalkstein, Thomasbasilika/Zadar, AMZd (Foto: Verf.)

Abb. 173: Schrankenplatte mit Christusmonogramm und verschachtelten Kreisen mit griechischen Kreuzen, Rekonstruktion, Archäologisches Depot, Universität Zadar (Foto: J. BARAKA PERICA)

Abb. 174: Schrankenplattenfragment mit Lichtrad und lateinischem Kreuz mit Sonne- und Mondsymbolik, Episkopale Komplexbasilika/Zadar, AMZd Depot (VEŽIĆ [2005] 168)

Abb. 175: Schrankenplatte mit lateinischem Kreuz, Saalkirche Prižba/Srima, Rekonstruktion, Muzej Grada Šibenika (GUNJAČA [2005] 126)

Abb. 176: Schrankenplatte mit lateinischem Kreuz und Lilien, Basilika an der Porta Caesarea/Salona, Lapidarium, AMS (Foto: Verf.)

Abb. 177: Kalksteinpilaster mit lateinischem Kreuz, Johannesbasilika (Sv. Nediljica)/Zadar, AMZd (Foto: Verf.)

Abb. 178: Kalksteinplatte mit lateinischem Kreuz und flankierenden Lilien, Podvršje/Glavčine, AMZd (Foto: Verf.)

Abb. 179: Schrankenplatte mit Christusmonogramm, Rosetten und Lilien, Sog. Doppelkirche Prižba/Srima, Rekonstruktion, Muzej Grada Šibenika (Foto: Verf.)

Abb. 180: Kalksteinplatte mit geometrischem Muster, Bilice/Dedića Punta, Muzej Grada Šibenika (Foto: Verf.)

Abb. 181: Transenna mit Akanthusblättern, Prokonnesischer Marmor, Inv. Nr. 413, San Vitale/Ravenna, MNR, Saal der frühchristlichen und byzantinischen Monumente (Foto: Verf.)

Abb. 182: Schrankenanlage in der Südwestecke, Hagia Sophia, Rekonstruktion (STICHEL [2010] 37)

Abb. 183: Templon, Basilika Santa Maria delle Grazie, Grado (Foto: Verf.)

Abb. 184: Templon, Sog. Doppelkirche Prižba/Srima, Rekonstruktion, Muzej Grada Šibenika (Foto: Verf.)

TAFELN

Taf. 1: Frühchristliche Denkmäler auf dem Territorium der Erzdiözese Zadar (UGLEŠIĆ [2002] 114)

Taf. 2: Frühchristliche Denkmäler auf dem Territorium der Diözese Šibenik (UGLEŠIĆ [2006] 60)

Druck:
Canon Deutschland Business Services GmbH
im Auftrag der KNV-Gruppe
Ferdinand-Jühlke-Str. 7
99095 Erfurt